历史不能忘记系列③

七七卢沟桥抗战

孟 超◎著

中国民主法制出版社

2015年·北京

图书在版编目（CIP）数据

七七卢沟桥抗战/孟超著. —北京：中国民主
法制出版社，2015.7（2020.5重印）
（历史不能忘记系列/张量主编）
ISBN 978-7-5162-0946-2

Ⅰ.①七… Ⅱ.①孟… Ⅲ.①七·七事变—青少年
读物 Ⅳ.①K265.409

中国版本图书馆 CIP 数据核字（2015）第 180526 号

历史不能忘记系列
　　张量　主编
图书出品人：刘海涛
出 版 统 筹：赵卜慧
责 任 编 辑：吕发成　陈棣芳　胡百涛

书名/七七卢沟桥抗战
作者/孟超　著

出版·发行/中国民主法制出版社
地址/北京市丰台区玉林里7号（100069）
电话/63055259（总编室）　63057714（发行部）
传真/63056975　63056983
http://www.npcpub.com
E-mail：mzfz@npcpub.com
经销/新华书店
开本/32开　880毫米×1230毫米
印张/6.5　**字数**/120千字
版本/2015年7月第1版　2020年5月第2次印刷
印刷/石家庄德文林彩色印刷有限公司

书号/ISBN 978-7-5162-0946-2
定价/20.00元
出版声明/版权所有，侵权必究。

▶ 修订版序

中国出版集团旗下中国民主法制出版社，将在中国人民抗日战争暨世界反法西斯战争胜利 70 周年之际，修订再版"历史不能忘记"系列丛书，我感到非常高兴。当年我参加组织编写了这套丛书，得到了社会的认可。在老一辈无产阶级革命家杨成武同志为第一版作序后，由我为再版作序。虽然水平有限，然出版社坚持，也只好尽力而为了。

1993 年以后，日本国内的右翼势力开始猖獗，日本政局也开始出现右倾化的动向，不时上演参拜靖国神社、篡改历史教科书、否定南京大屠杀，为日本侵华战争涂脂抹粉，企图推卸战争责任的闹剧。前事不忘，后事之师。要让中国人民和世界人民永远牢记这段历史，尤其要让青少年从小就了解、记住这段历史。在我国国内，虽然抗日战争方面的图书资料很多，却难见一套比较系统地对青少年进行抗日战争方面的爱国主义教育的丛书。1998 年初，中国民主法制出版社的编辑赵卜慧等同志策划了"历史不能忘记"系列丛书。受出版社邀请，我组织时任中国社会科学院近代史研究所所长、《抗日战争研究》杂志主编、中国抗日战争史学会副会长张海鹏，中国第二历史档案馆馆长、中国抗日战争史学会理事周忠信，中国人民大学中共党史系主任、博士生导师陈明显，中国人民抗日战争纪念馆编研部主任、中国抗日战争史学会常务理事、研究员张量和中国人民解放军军事医学科学院研究员、细菌学专家郭成周以及对抗日战争史有深入研究的专家学者，精心编写了这套丛书。这套丛书收录了大量的史料和图片，有些是首次公之于众的，揭露了日本侵略中国所犯下的滔天罪行，如南京大屠杀、日军细菌部队罪行等；讴歌了中国人民浴血奋战，与日本侵略者血战到底的气壮山河、可歌可泣的民族精神，如八一三淞沪会战、台儿庄战役、百团大战等。该丛书第一版推出12本，于1999年9月出版。丛书出版后在读者中引起了很好的反响，当年就名列共青团中央"中国新世纪读书计划第7期新书推荐榜"，并被列为上海市中小学生图书馆必备书目，荣获第9届上海市中小学生优秀课外读物三等奖。

近几年，日本政府在右倾化的道路上越走越远，尤其是安倍上台以后，不但矢口否认历史，而且否认对侵略历史表示歉意的"村山谈话"，挑起诸多事端，解禁集体自卫权，对外出售武器，动摇日本战后和平宪法的根基，加快日本军国主义的复活，引起世界各国尤其是曾经遭受日本军国主义铁蹄蹂躏的亚洲邻国的高度警惕。

　　为了铭记历史、缅怀先烈、珍视和平、警示未来，2014 年 2 月 27 日，全国人大常委会通过了《全国人民代表大会常务委员会关于确定中国人民抗日战争胜利纪念日的决定》，以法律的形式，将每年 9 月 3 日确定为中国人民抗日战争胜利纪念日；2014 年 4 月 10 日，又通过了《全国人民代表大会常务委员会关于设立南京大屠杀死难者国家公祭日的决定》。今年是中国人民抗日战争暨世界反法西斯战争胜利 70 周年，我国将在纪念日举行空前盛大的阅兵活动，向世界宣示中国维持战后世界秩序的坚定决心。

　　在此之际，修订再版"历史不能忘记"系列丛书，充分体现了中国民主法制出版社的担当意识和责任精神。丛书站在新的历史方位，挖掘和整理最新史学研究成果和文献资料，由初版 12 册增加到 22 册，内容更加丰富，事实更加清晰，范围更加广阔，尤其是把儿童抗战、文化抗战、台湾抗战、空军抗战、海军抗战等鲜为人知的抗战史料呈现在读者面前。不难看出策划者把这套丛书作为精品工程精心来打造的良苦用心。

　　2014 年 7 月 7 日，习近平总书记在纪念全民族抗战爆发 77 周年仪式上指出，历史是最好的教科书，也是最好的清醒剂。中国人民对战争带来的苦难有着刻骨铭心的记忆，对和平有着孜孜不倦的追求。中国的抗日战场，是世界反法西斯战争的东方主战场，中国抗日战争的胜利，为世界反法西斯战争作出了积极贡献。中国抗日战争的胜利，是中国近代以来第一次取得的反对外来侵略的彻底胜利，一雪百年屈辱历史，它是中华民族由衰败走向振兴的重大转折。

实现民族复兴的中国梦，是每一位中华儿女共同的历史使命。中华民族的伟大复兴、美丽中国梦的实现，许多道理需要让历史告诉未来。中国人民会铭记这段历史，以史为鉴，时刻保持清醒头脑，警惕日本军国主义的死灰复燃，牢记"落后就要挨打，就要受人欺负"的教训，紧密地团结在以习近平为总书记的党中央周围，发奋图强，努力学习和工作，把我们的国家建设得日益繁荣富强，为早日实现中华民族伟大复兴的中国梦而努力奋斗。

中央档案馆原馆长
中国档案学会原理事长
中国抗日战争史学会原副秘书长

2015年5月

▶ 第一版序

　　抗日战争，这是个历史性和现实性都很强的话题。

　　说它具有很强的历史性，那是因为，这场战争的爆发距今毕竟已有62年。时至今日，战争的硝烟早已散尽，在和平共处五项原则的基础上，中日两国正面向未来，致力于建设和平与发展的友好合作伙伴关系。至于有关反映抗日战争的文章和书籍，60多年来则更是难计其数。

　　说它具有很强的现实性，则是由于：其一，抗日战争毕竟是自1840年鸦片战争以来，帝国主义列强发动的历次侵华战争中最残酷的一场战争，也是中国人民反抗外来侵略最坚决并最终取得全面胜利的一场战争。这场惨绝人寰的侵略战争造成了3500万中国人的伤亡，造成了1000亿美元的直接财产损失，使千百万中国人流离失所。这么一场空前的民族大灾难，无论如何不应该也无法从人们的记忆中抹去。其二，抗日战争虽然早已结束，但它给我们留下许多血的教训：得道多助、失道寡助。尽管有一时的强弱之别，然而玩火者必自焚，正义终将战胜邪恶；贫穷、落后就要挨打，就会受人欺辱，只有国家富足强盛，才能人民安居乐业……所有这些，都将犹如警钟长鸣，时时警示着世人。其三，人总是要有点精神的。中华儿女在这场民族灾难中所表现出来的浴血奋战、不怕牺牲的抗战精神，作为一种极其宝贵的精神财富，无论时间再久远，都将永久地熠熠生辉、光芒四射。在和平的年代里，在社会经济建设中，我们仍然需要弘扬这种宝贵的民族精神。其四，随着时间的推移，抗日战争渐渐成为历史，年青的一代只能从历史书籍、从教科书中去了解这场战争的真相了。也正因为如此，在日本，总有那么一些人不时地挑起事端，他们或在教科书问题上大做文章，或在日军侵华史实上黑白颠倒，企图篡改历史，误导后人。历史霎时间似乎成了一个任人打扮的小女孩。为此，要不要把这场战争的本来面貌告诉世人特别是年青的一代，显然成了摆在每一个史学工作者面前的现实问题。

有鉴于此，中国民主法制出版社约请了长期从事抗日战争问题研究、占有大量客观资料的专家学者，历时数载，撰写了这套"历史不能忘记"丛书。丛书本着对历史负责，对后人负责的态度，严格尊重史实，凭借事实说话，分《以史为鉴　面向未来》《九一八事变》《七七卢沟桥事变》《八一三淞沪会战》《平型关战役》《台儿庄战役》《南京大屠杀》《百团大战》《日军细菌战》《中国空军抗战》《中国海军抗战》《中国抗日远征军》

《抗日英烈民族魂》《华侨支援祖国抗战纪实》《国际友人与抗日战争》《华北抗日》《华东抗日》《华南抗日》《抗战中的延安》共 19 个分册，全方位多角度、系统客观地披露和介绍了抗日战争的爆发背景以及发动经过、侵华日军在战争中所犯下的滔天罪行、中国军民抗击侵略者的著名战役、献身于抗战的民族英烈等。其中，一些材料和观点尚属首次公开发表。

日本的一位首相曾经说过："我们无论怎样健忘，也不能忘记历史。我们可以学习历史，但不能改变历史。"作为一种民族灾难，抗日战争过后的今天，无论是挑起这场战争的加害国还是遭受侵略的被害国，惟有正视史实，以史为鉴，才能更好地面向未来，防止悲剧再度发生。而再现历史真相又是问题的逻辑前提。我想，这恐怕正是撰写和出版这套丛书的目的所在吧。

作为抗日战争的亲身经历者，我愿意把这套丛书推荐给需要了解和应当了解这段历史的人们。

杨成武

1999 年 4 月 4 日

　　2014 年 7 月 7 日和 9 月 3 日，中共中央总书记、国家主席习近平和政治局全体常委来到位于卢沟桥畔的中国人民抗日战争纪念馆，参加七七卢沟桥全国抗战爆发 77 周年和中国人民抗日战争暨世界反法西斯战争胜利 69 周年纪念活动。在不到两个月的时间里，党和国家领导人两次参加中国人民抗日战争纪念活动，频率之密，规格之高，实为罕见。党和国家领导人出席此类活动，在国际上发出了正义的呼声。

　　当今日本政要在处理对华关系问题上出现了严重的倒退。日本国内一些政治组织和政治人物依然在矢口否认日军侵略的野蛮罪行，依然在执意参拜供奉有包括东条英机在内的 14 名双手沾满鲜血的第二次世界大战甲级战犯的亡灵。这些粗暴践踏中国和其他亚洲战争受害国人民感情、公然挑战历史正义和人类良知的行径，不仅违背了日本政府在历史问题上的承诺，而且背离了中日关系的政治基础，严重伤害了中国人民和广大亚洲国家人民的感情。

　　习近平在纪念活动上讲话强调：历史就是历史，事实就是事实，任何人都不可能改变历史和事实。付出了巨大牺牲的中国人民，将坚定不移地捍卫用鲜血和生命写下的历史。任何人想要否认、歪曲甚至美化侵略历史，中国人民和各国人民决不答应！我们将以最大的决心和努力，同世界各国人民一道，坚决捍卫中国人民抗日战争和世界反法西斯战争胜利成果，坚决维护战后国际秩序，决不允许否认和歪曲侵略历史，决不允许军国主义卷土重来，决不允许历史悲剧重演！

近代以来，无数中华民族的优秀儿女为国家的独立和富强奋斗、牺牲。虎门销烟、义和团反帝爱国运动、辛亥革命、五四运动等等，体现了中国人民英勇斗争的历程，书写了中华民族反抗外辱的壮丽篇章。

然而中华民族的独立之路艰难曲折。20 世纪 30 年代，中华民族面临着更加深重的生存危机。日本帝国主义妄图灭亡全中国，在卢沟桥畔点燃了全面侵华战火。不愿做奴隶的中国人民，被迫发出最后的吼声。驻守卢沟桥的中国第二十九军官兵，凭借并不先进的武器装备，与日本侵略者展开了殊死搏斗，吹响了中华民族全面自卫战争的号角。此后，中国人民经过 8 年浴血奋战，最终战胜了日本侵略者，洗雪了民族耻辱，踏上了民族独立和复兴的新征程。卢沟桥抗战因此而具有了特殊的历史涵义。七七抗战是全面抗战爆发的起点，是中华民族走向新生的里程碑。它向全世界宣告：中华民族是富有民族自尊心和自信心的民族，一切压迫和奴役中华民族的妄想终将彻底失败。

　　为了珍惜来之不易的和平，为了再现历史的真相，为了使中华民族世世代代记取"落后就要挨打"的教训，从而肩负起振兴祖国的历史重任，让我们重新翻开《七七卢沟桥抗战》这部壮丽的历史画卷，重温卢沟桥抗战先烈的英勇斗争。

▶ 目 录

步步紧逼——关东军蚕食华北

◎ 日本侵略中国由来已久

　　1937 年 7 月 7 日夜，侵华日军在北平附近的卢沟桥蓄意制造事端，进攻中国驻军，挑起全面侵华战争。这是 20 世纪 30 年代震惊世界的重要历史事件，是日本帝国主义为实现其征服中国称霸世界的政治目的，长期推行扩张侵略政策的必然产物。

　　早在明治时期，日本国内资源极为短缺，市场十分狭窄，原始资本积累不足，成为后起的日本资本主义发展的严重障碍。日本统治集团为谋求资本主义的发展，冲破这一障碍，曾以"强兵为富国之本"、"开拓万里波涛，布国威于四方"为号召，制定了"吞并朝鲜、侵占满蒙、征服中国、称霸东亚"的大陆政策。

　　1894 年 7 月，日本发动了甲午战争。通过这次侵略战争，日本占领了朝鲜，逼迫中国割让了辽东半岛和台湾、澎湖列岛，勒索赔款白银 2.3 亿两，还取得了新的通商特权等各种权益。日本军国主义凭借巨额的侵略战争赔款、新的殖民地市场及原材料的获取，在 20 世纪初完成了资本主义工业化，成了世界上新兴的帝国主义国家。

　　1900 年八国联军侵入中国，日本出兵最多，迫使清政府签订《辛丑条约》，取得在中国天津与北京等华北心脏地区的驻兵权。紧接着 1904—1905 年爆发了日俄战争，两国陆军在中国领土上厮杀。日本取胜后，日本外相小村寿太郎强迫清政府签订《东三省事宜条约》，夺取了原为沙俄占有的旅大租借地、南满铁路等大量权益，吞并了辽东半岛，实现了日本把"利益线"扩大到中国东北地区南部的步骤。日本在东北的扩张有了立足点，不仅获得了资源和利润，养肥了财阀，而且使日本帝国主义的侵略野心越来越大。

1915 年 1 月 18 日，日本向中国袁世凯政府提出臭名昭著的"二十一条"，企图将中国完全变成日本的附属国。1916 年，又发动了第二次"满蒙独立"运动（"满蒙"指当时的奉天、吉林、黑龙江及内外蒙古），同沙俄签订第四次日俄密约，妄图直接统治满蒙地区。虽未达到目的，但日本在华的殖民势力得到进一步扩张。

20 世纪 20 年代后期，由于经济危机趋于严重，日本加快了侵略中国的步伐。1927 年 4 月，长州军阀首脑田中义一上台。6 月 27 日，田中内阁在东京召开了"东方会议"，进一步制定侵华政策。会议历时 10 天，7 月 7 日，由田中宣示了八条"对华政策纲要"，作为会议的决议。该纲领露骨地表明了日本帝国主义独吞中国，称霸世界的狼子野心，规定了侵华的方针步骤。它成为日本帝国主义对外发动侵略战争的总纲领。

1929 年，资本主义世界爆发经济危机，日本也受到沉重打击，内在矛盾进一步尖锐化。日本统治集团认为，想从严重危机中摆脱出来，唯一办法是向外扩张。1931 年 9 月 18 日，日本法西斯在沈阳柳条湖制造事端，发动九一八事变。事变发生后，天皇裕仁发布敕令，批准了关东军乃至朝鲜军的侵华战争行动。关东军大举侵略，仅用四个月时间，就侵占了中国东北三省。侵华日军占领东北，获得了巨大的经济、军事利益。东北的领

▲1927 年夏，日本内阁召开"东方会议"。右起第三人为日本
  首相田中义一。

土面积，相当于日本本土面积的三倍。日本法西斯利用东北丰
富的资源、人力和重要战略地位，使东北成为进一步侵略中国
的战略基地，大大弥补了日本小国、岛国的先天不足。

　　1932 年 1 月，日本法西斯又挑起"一·二八"事变，向上
海发动进攻。1933 年 2 月，日军进犯热河省。4 月，对山海关至
察哈尔省东部长城沿线各要地，发动大规模军事进攻。不久，
日军越过长城，深入冀东，逼近平津，迫使中国国民党政府于 5
月 31 日签订丧权辱国的"塘沽协定"，使中国承认在长城线以
南河北省东北部设立非武装地区。对中国来讲，该协定是卖国
的协定，① 等于授给了日本以后侵略华北的"特许状"②，实际

---

　　① ［日］井上清，铃木正四：《日本近代史》下册，商务印书馆 1972 年版，第
576 页。
　　② ［美］多罗西·博格：《1933—1938 年的美国与远东危机》，哈佛大学出版社
1964 年版，第 37 页。

上承认了日本占领东北三省和热河省，并为尔后日军全面侵华
敞开了大门。

策划华北五省自治及成立内蒙军政府后，日本为发动全面
侵华战争建立了一个新的前沿阵地。

1936 年初开始，日本改变了以政治蚕食为主的侵略方式，
采取以经济手段为主、军事手段为辅的侵略方式，妄图达到控
制华北的目的。日本发生二二六事件后，广田弘毅上台组阁，
标志着日本法西斯体制的初步形成。出于扩军备战需要，日本
急欲占有华北资源。1936 年 4 月 17 日，日本内阁决定强化中
国驻屯军。18 日，发布陆军第 6 号军令，确定将中国驻屯军的
编制升格为独立兵团，增加兵力 6000 人，达到 8400 人。6 月，
日本修改国防方针，明确提出：日本在扩大侵华时可能的"主
要对手"，是"拥有强大国力和武装力量的美国和苏联"。[①] 8
月，日本首相广田与外、陆、海、藏相举行五相会议，决定了
外交与国防互相配合，一方面确保帝国在东亚大陆的地位，另
一方面向南方海洋发展的《国策基准》。[②] 1937 年初开始，日
本法西斯磨刀霍霍，准备用武力吞并华北乃至全中国。6 月，
近卫内阁成立后，日本关东军和华北驻屯军着手策划阴谋，妄
图挑起事端。日本军有意在夜间进行演习，而且对中国驻军的
兵营和城门直至军事宅邸进行实地调查，以便为随时发动袭击
做好准备。

由此可见，七七卢沟桥事变，是日本法西斯有计划地制造
的，它是日本大陆政策的继续和扩大，是日寇妄图吞并全中国

① 李云汉：《宋哲元与七七抗战》，台北传记文学出版社 1978 年版，第 160 页、
161 页。

② ［日］外务省编：《日本外交年表并主要文书》（1840—1945），下卷，原书房
1966 年版，第 344 页。

而实施的一个重要步骤。

◎ 华北危急！北平危急！

日本帝国主义发动侵华战争，加重了日本人民的负担和财政上的困难，使日本国内矛盾更加激化，日本统治集团妄图从进一步扩大战争中寻找出路。另一方面由于日本实行国民经济军事化，大量生产军火，给垄断资本带来了巨额利润，这也刺激着日本垄断资本集团更加疯狂地追求战争。于是，在日本侵略军的铁蹄踏进华北之后，日本帝国主义更加紧从内政、外交、社会舆论等各方面进行准备，以发动全面侵华战争，实现其独占中国的野心。

1933 年 7 月 17 日，日本外务省情报部长天羽发表声明，把中国当作日本独占的"保护国"，声称要排除英美帝国在华势力，关闭中国门户。这一声明激起了中国人民的愤怒和世界舆论的谴责。天羽不得不在 1934 年 4 月 17 日向记者作解释，企图掩盖侵略的野心，但还是宣称日本负有"维持东亚和平与秩序的使命"，并不准中国同其他国家联系，也不准别国在华扩张势力。他说，如果其他国家向中国提供武器、军用飞机、派遣军事教官、提供政治贷款等，"日本不能对此置之不理"。

1934 年 10 月 1 日，日本陆军省炮制了一本题为《国防的真实意义和加强国防的主张》的小册子，在国内广为散发。这本小册子鼓吹侵略战争是"创造之父，文化之母"，"国防"的"目的"、"本质"是"国家生存发展的基本活力"，叫嚷"必须有决心和勇气"，"树立国家百年大计"。为了发动全面侵华战争，日本统治集团还大肆宣扬"总体战"思想。所谓"总体战"思想就是要在政治上建立日本军部的法西斯独裁统治；在经济上，进行总动员，全面实行国民经济军事化；在思想文化上，实行法西斯军国主义教育。日本陆军省就利用电影等大肆进行战争宣传。银幕上出现的世界政治地图是这样的：中央是日本和"满洲国"，而这个"新秩序中心"毗连的是西伯利亚、中国、印度和南洋诸国。解说词说："总有一天，我们会使全世界尊重我们的民族……同胞们！请看一下亚洲的情况。难道这是一成不变的吗？我们的崇高使命乃是在亚洲建立天堂。"最后号召人们"振奋精神，勇往直前"。接着银幕上长时间地映出"光明从东方来"的字幕。

在大造侵略舆论的同时，日本兵力也在迅速扩张。1930年到1935年间，军队人数从25万增加到40万，其中海军从75000人增加到10万人。关东军发展更快，仅1932年1月到8月底，人员就增加了一倍多，大炮、坦克、装甲车、飞机数量增加了两倍。

在行动上，日本帝国主义为了完全吞并华北五省，在1935年发动了一系列新的进攻。5月，日本借口中国当局援助东北义勇军"入侵"滦东非武装区，"破坏"了"塘沽协定"；又借口天津《国权》社社长胡恩溥与《晨报》社社长白逾桓两名汉奸被暗杀，是中国政府的排日行为，提出要"彻底铲除华北的（抗日）行动"①。它一面向国民党政府要求在华北的实际统治权，一面调集大批军队入关，进一步威胁平、津，扬言如不接受其要求，便要采取"自由行动"。6月4日，国民党华北军分会代理委员长何应钦，与日本华北驻屯军司令官梅津

---

① 日本驻北平辅佐官给参谋次长电报，1935年5月29日。

美治郎进行谈判。10日，何应钦对日本方面提出的无理要求，口头上表示全部接受。7月6日，何应钦又代表国民党政府函复梅津美治郎，全部接受日方的无理要求，这就是所谓的"何梅协定"。协定规定：取消河北省和平津两市的国民党党部，撤退驻河北的东北军、中央军、宪兵第三团，撤换河北省主席于学忠和平津两市市长，撤销平津军事委员会分会政治训练所，通令全国禁止一切抗日活动等。这一卖国协定，把中国在河北和察哈尔的大部分主权，都奉送给了日本帝国主义，极大地加强了日本在华北的侵略势力。

同时，日本侵略者又策动"张北事件"。1935年5月，日本特务四人潜入察哈尔省境内偷绘地图。6月5日，在张北县（今属河北）被中国驻军扣留。日本借此事向国民党政府提出抗议，并急调4万兵力驻屯察哈尔省边境进行威胁。国民党政府派察哈尔省民政厅长秦德纯与日本关东军代表土肥原谈判，于6月27日签订"秦土协定"。协定内容为：向日军道歉，担保日人在察省可自由行动；取消察省境内一切国民党机关；成立察东非武装区，第二十九军全部撤出；撤换察省主席宋哲元等。这一协定进一步向日本帝国主义奉送了冀察两省主权。

蒋介石的妥协政策，更促使日本帝国主义向中国步步进逼。日本侵略者野心勃勃地策划汉奸搞"华北五省自治运动"，要求冀、晋、察、鲁、绥五省"特殊化"，准备脱离中国而"独立"，成为第二"满洲国"。为实现此目的，1935年9月24日，首先由日本在华北驻屯军司令官多田骏发布关于华北"自治"的声明，声称要在华北肃清反"满"抗日分子，防止赤化；同时提出要在华北五省实行"自治"。接着，日本政府召开了五相会议，决定了使华北地区特殊化的有关所谓

"谅解事项"，并决定由关东军派土肥原来策动华北"自治"。土肥原按照关东军和华北驻屯军的意图，首先拉旧军阀吴佩孚，想以吴为中心建立华北五省政权，结果失败。接着想以二十九军军长宋哲元为主席、成立华北自治政府，遭到拒绝。于是，只有依靠名声很臭的大小汉奸了。

▲1935 年 6 月 10 日，国民政府军事委员会北平分会委员长何应钦（前右三）与日本驻屯军司令官梅津美治郎（左一）缔结臭名昭著的"何梅协定"。

1935 年 10 月 22 日，日本指使汉奸、流氓在河北省东部香河、昌平、武清、三河等县暴动，攻占了香河县城，并由少数汉奸组织县政临时维持会。日本宣称这是"自治"的"先驱"。11 月 11 日，天津日本报纸声明"华北民众自治促进会成立"，说什么要"依据人民愿望，厉行冀、鲁、晋、察、绥五省自治"。11 月 25 日，又唆使国民党特派的蓟密区行政督察专员殷汝耕，在河北通县成立辖 22 个县的冀东防共自治政府。不久又支持内蒙的上层反动分子德穆楚克栋鲁布（德王）

▲1935年9月24日，侵华的日本驻屯军新任司令官多田
骏少将就华北问题在记者招待会上发表谈话，公开宣称
华北自治。

组织伪内蒙自治军政府，并策动天津市长程克通电要求华北五
省独立。日本帝国主义的如意算盘是借所谓"自治"之名，
不损一兵，不费一弹而达到夺取整个华北的目的。

在日本帝国主义凶相毕露欲变华北为第二个东北的情况
下，国民党政府仍然不顾全国人民的反对，继续坚持卖国投降
政策，迎合日本的"华北政权特殊化"（即亲日化）的要求，
指派宋哲元为委员长，并由日本指定的汉奸王揖唐、王克敏、
曹汝霖等为委员，准备在1935年12月，在北平成立"冀察政
务委员会"，实行变相的"自治"。这是一个日伪勾结的政权。

但是，"自治"的实现并不能满足日本帝国主义的侵略野
心。为了实现占领华北的目的，又借"反共"之名，于1936
年春，日本侵略者以中国共产党领导的红军北上抗日，东渡黄
河进入山西为借口，拉拢宋哲元，秘密签订了"华北防共协

定"，这个协定是由日本在华北驻屯军司令官多田骏和冀察绥
靖主任宋哲元于 1936 年 3 月 30 日秘密签订的。协定毫不掩饰
地说："日本军队和冀察中国军队基于绝对排除共产主义精神，
共同协力从事遏制和防止一切共产主义的行动。"为了共同反
共，协定规定日本军队和中国军队"密切合作"，力争与阎锡
山缔结共同防共协定。当阎锡山不同意时，则从及时防共之独
立立场出发，进军山西。还"应与山东方面合作"，准备在山
东也采取这种方式。协定明显地说明，日本以反共之名，可以
派兵随便侵占华北五省，而行吞并华北之实。宋哲元为保持他
在华北的傀儡地位，拱手让出了华北。

　　日本帝国主义对华北的侵略，为日本垄断资本开辟了巨大
的原料产地和商品市场。因此，日本侵略者在从军事上、政治
上向华北进攻的同时，在经济上，也在所谓"中日经济提携"
的幌子下，加紧进行扩张。日本关东军驻北平特务机关长松室
效良说："帝国原料与市场问题之解决，实不能不注意易于进
攻的中国华北。"[①] 此后，日本关东军、大藏省、实业界先后
派人赴华北各地进行经济调查。1935 年 12 月，日本在天津设
立了兴中公司，由三菱、三井、住友等大财阀担任顾问。这个
机构在关东军、华北驻屯军的主持下，用枪杆和资本双管齐下
的方法，大肆掠夺华北资源，特别是军需资源，像铁、煤、石
油、盐等。例如，日本泰记公司就依仗关东军武力，霸占了年
产 25 万吨煤的柳江煤矿。同时，日本还利用在华北的特权大
搞武装走私。据海关当局统计，自 1935 年 8 月 1 日至 1936 年

---

　　① 孙怀仁：《华北经济提携一瞥》，载《世界知识》第 5 卷第 5 期，1936 年 11
月 16 日出版。转自延安时事问题研究会：《日本帝国主义在中国沦陷区》，延安解放
社 1939 年刊本，第 51—52 页。

4 月 30 日的九个月中，中国海关税收的损失达 2500 余万元，仅 1936 年 4 月一个月就达 800 万元。日本通过武装走私，大量掠夺中国农产品，夺去了中国民族工商业的原料来源和商品市场。以棉花为例，日本控制了冀、鲁、晋三省的棉田，中国自己的棉纺织厂不能直接从华北农村得到原料供应，而只能以高价从外商手中购买棉花，以致提高棉织品成本，造成民族工业的破产。仅 1936 年日本就吞并了 6 家中国纱厂。再以糖来说，从产糖区运进上海的糖，一般市价白糖每担为 22 元，红糖每担为 18 元，而日本走私进来的糖却只要 12 元或 10 元左右。因此，糖的私货充斥市场，致使上海 60 余家糖商损失千万元以上，广东糖厂因私货挤压及原料不足，而全部歇业。在日本资本的排挤压迫下，中国民族工业自 1935 年以后，已经不能支持了，特别是华北地区情况更为严重。

华北局势危急。北平已处于日本侵略军及亲日反动势力的重重包围之中。北宁铁路由北平到山海关沿线均有日军驻扎；北平东面有汉奸殷汝耕的"冀东防共自治政府"，它不断派出汉奸武装在北平的朝阳门、东直门和东郊、北郊一带进行骚扰；北面长城沿线，集结了大批的日军和伪军；西北面有日军收买的李守信和王英的土匪部队；日军轰炸机天天在古都上空飞来飞去；平郊日军进行军事演习的枪炮声不断。华北地区和北平市面临着亡国灭种的严重威胁，祖国的古都——北平危急！

攘外安内——蒋介石退让妥协

日本帝国主义发动九一八事变时，其驻东北的关东军只有10400人，加上派到东北的日本驻朝鲜的一个旅团，也不过15000人。而张学良的东北军约有250000人，在沈阳附近拥有飞机、战车、兵工厂、迫击炮厂等战略物资和设施，并有精锐部队20000多人。这样多的军队为什么就抵抗不了日军的进攻，不到三个月东北三省就沦陷了呢？其根本原因在于国民党蒋介石政府奉行不抵抗政策。

早在事变发生之前，8月16日蒋介石致张学良"铣电"称："无论日本军队此后如何在东北寻衅，我方应予不抵抗，力避冲突，吾兄万勿逞一时之愤，置国家民族于不顾。"[①] 事变发生时，蒋介石又命令东北军："为免除事件扩大，绝对不抵抗"，"即使被日军勒令缴械，占入营房，都可听其自便。"张学良秉承蒋介石的旨意，在北平养病期间，于事变前的9月6日发电报给东北军及东三省政务委员会，下达蒋介石的不抵抗命令："对于日人，无论其如何寻衅，我方务当万分容忍，不可与之反抗，致酿事端。即希迅速密令各属切实遵照注意。"当日军9月18日进攻北大营时，驻守在北大营的中国东北军，

---

① 洪钫：《九一八事变当时的张学良》，载《文史资料选辑》（第6集），中国文史出版社1986年版，第23页。

是王以哲为旅长的第 7 旅，广大爱国官兵进行英勇抵抗，使敌人十分胆怯，不敢挺进，只以炮火来恫吓，可是蒋介石还是命令不抵抗，张学良在电话中以"务必尊重和平，避免冲突"为由，不准中国军队抵抗，并重申"即使被日军勒令缴械，占入营房，都可听其自便"。正是蒋介石的不抵抗政策，才使东北大好河山沦入敌手。正像东北军广大爱国官兵当时向记者所表示的："日人欺我如是，吾辈分属军人，不能捍卫国家，竟使敌人长驱直入，能不愧煞。无如长官有令采取不抵抗办法，……不然，吾人拼一条命与其抵抗，死而后已，不忍见大好河山，沦于敌人之手也！"① 这段历史，还可从日本侵略军驻北平特务机关长松室效良给关东军的秘密报告中得到证实，他说："须知九一八迄今之帝国对华及历次对中国军作战，中国军因依赖国联，而行无抵抗主义，故皇军得以顺调胜利。……倘彼时中国官兵能一致合心而抵抗，则帝国之在满势力，行将陷于重围。"②

当时，中国共产党领导的革命力量有了很大的发展，中央革命根据地的红军已经胜利粉碎了国民党军队发动的第一、二、三次反革命"围剿"。全国红军已发展到十余万人，赤卫队十多万人，在十多个省，300 多个县建立起苏维埃政权。这使得蒋介石胆战心惊，惶惶不可终日。他说："我们的敌人不是倭寇而是土匪（按：指共产党和红军）"，"日本人侵略是外来的，好像是从皮肤上渐渐溃烂的疮毒；土匪捣乱是内发的，如同内脏有了毛病，这实在是心腹之患。"因此，蒋介石确定

---

① 虎口余生：《日军侵据东北记》，民众书局 1931 年版，第 28 页。
② 国民党行政院档案（2）3374，转引自姜念东等：《伪满洲国史》，大连出版社 1991 年版，第 80 页。

▲奉国民政府主席蒋介石"不抵抗"的命令，在吉林被日军解除
　武装的部分东北军部队。

了"攘外必先安内"的方针，为了镇压人民革命，竟不惜引狼入室。

　　蒋介石同日本帝国主义的勾结，从很早就开始了。1927年日本田中内阁上台时，正是蒋介石发动四一二反革命政变八天之后。这年10月，蒋介石到日本同田中进行了一笔政治交易。据日本人写的《森恪》一书透露，当时蒋介石同田中、森恪会见时，曾达成协议：日本承认由反共反苏的国民党统一中国，中国（指蒋介石）则承认日本在东北的特殊地位。因此，九一八事变爆发前，日本要侵占东北的迹象虽已日趋明显，蒋介石仍下令不抵抗。

　　蒋介石的不抵抗政策，使日本帝国主义的侵略气焰越来越嚣张。1932年1月28日，日本侵略军故意挑起事端，出兵侵略上海，直接威胁国民党政府所在地南京。事前，日本海军陆

战队司令盐择曾狂言 4 个钟头占领上海，关东军司令官本庄繁
更吹嘘"3 个月内占领支那全土"。

驻上海的国民党第十九路军，在爱国将领蔡廷锴、陈铭
枢、蒋光鼐的率领下，在全国人民抗日高潮的推动下，在上海
各界人民的积极支援下，奋起抗战，连续打退了疯狂进攻的优
势日军，毙伤敌军万余人。淞沪抗战坚持了一个多月，迫使敌
人三度更换司令，给日本侵略军以沉重打击，从而粉碎了它妄
图迅速占领上海，进而灭亡全中国的侵略计划。对此，国民党
政府不但不派军队支援，反而对主动要求参加抗战的第五路军
官兵加以阻挠，并在事变发生的当日下午将第十九路军 78 师
调离上海，最后将第十九路军大部调出，只留下一个团。国民
党政府还命令其海军不准抵抗，要与日本海军"维持友谊"。
由于国民党政府坚持妥协退让政策，破坏淞沪抗战，3 月 3 日，

▲1933 年 3 月至 5 月，中国军队在长城各主要关口与日军展开激
战，图为中国第二十九军在罗文峪布防。

第十九路军被迫撤出上海。5 月 5 日，国民党政府与日本签订了屈辱性的淞沪停战协定。

日本帝国主义的侵略野心是不会满足的，妥协退让只会使其得寸进尺。此后，日本公然声称热河是"满洲国"的一部分，长城是伪满国界，为其攻取山海关及长城各隘口作舆论准备。日本关东军的一个头子甚至狂言"华北，诚我帝国之最好新殖民地"。1933 年 1 月 3 日，日本侵略军攻占华北战略要地山海关，3 月 4 日占领热河省会承德。接着，日军继续向长城各隘口大举进攻。

当长城内外军民奋起抵抗日军进攻时，蒋介石却发出"侈言抗日者杀勿赦"的命令，并调嫡系部队监视在长城各隘口抗战的部队。本来在平津长城之间中国军队有三四十个师，而敌人不过三四个师团，十倍于敌。可是蒋介石不准中国军队抵抗，日军于 1933 年 4 月占领长城各隘口，并向滦东进攻，占领滦河以东各县。中旬日海军在秦皇岛登陆。5 月 12 日，日军占领通州，进逼平津。

5 月下旬，蒋介石、汪精卫在庐山开会讨论华北停战问题。在蒋、汪的指使下，国民党军事委员会北平分会代理委员长何应钦，于 5 月 31 日，令北平军分会总参议熊斌与日本关东军冈村宁次，在塘沽签订丧权辱国的停战协定，世称"塘沽协定"。协定规定中国军队撤至延庆、昌平、高丽营、通州、顺义、香河、宝坻、林亭日、宁河、芦台所连之线以西、以南地区，"不得越过该线"，更不能"作一切挑战扰乱之行为"。长城线以南及前面所规定之线以北、以东地区，为"非武装地带"。这样，国民党政府事实上承认了日本帝国主义占领东北、热河，承认绥东、察北、冀东为日军可以"自由行动"的非武装区，使整个华北门户大开，完全置于日军的直接威胁之下。

同国民党蒋介石的不抵抗政策相反，中国共产党代表中国民众的利益，反映了民众要求抗日救国的愿望，在九一八事变以后，提出了武装民众，进行民族革命战争，反对日本帝国主义，以保障中国民族独立，国家统一和领土完整的方针。1933年1月17日，中华苏维埃临时中央政府和工农红军革命军事委员会发表宣言，提出在停止进攻革命根据地、保障人民的自由权利、立即武装民众三个条件下，中国工农红军准备与任何武装部队订立抗日作战协定。在中国共产党的号召与影响下，国民党军队中的爱国将领与广大士兵，要求共同抗日。1933年5月，爱国将领冯玉祥、方振武、吉鸿昌领导的察哈尔民众抗日同盟军，在上述三条件基础上与中国共产党合作抗日。同年冬，国民党十九路军将领蔡廷锴、陈铭枢、蒋光鼐与国民党内李济深等一部分反蒋势力，发动福建事变，成立抗日反蒋的中华共和国人民革命政府。并同红军签订了抗日反蒋协定。粤、桂、川等省的地方实力派也欢迎中国共产党的抗日主张。

但是，国民党蒋介石顽固坚持其"攘外必先安内"的反动方针，封闭抗日机关，逮捕爱国人士。即使国民党中一些爱国将领的抗日活动，蒋介石也进行压制。抗日将领冯玉祥等在张家口组织察哈尔民众抗日同盟军，武装抵抗进犯的日伪军，恢复内蒙失地的时候，蒋介石不顾民族大义，迫令冯玉祥撤销自己的抗日同盟军总司令，离开了张家口，并调集十万之众进行镇压，同时指使何应钦与日本关东军会剿抗日同盟军。民族英雄吉鸿昌被国民政府杀害。李济深、蒋光鼐、蔡廷锴等人领导的主张与共产党共同抗日的福建人民政府，也被蒋介石扼杀。

▲1933 年 5 月 26 日，察哈尔民众抗日同盟军总司令冯玉祥在
作抗战动员。

抗日救亡——共产党顺应民意

　　挽救民族危亡，抵抗外敌欺凌是中国共产党矢志不移的神圣事业。九一八事变后，中国共产党就提出了以民族革命战争驱逐日本帝国主义出中国的政治主张，坚决反对日本的武装侵略和蒋介石的卖国政策。1933 年 1 月 17 日，中华苏维埃临时中央政府和工农红军革命军事委员会发表了《为反对日本帝国主义侵入华北愿在三个条件下与全国各军队共同抗日》，首次提出了联合一切抗日武装的主张。1934 年 4 月 20 日，中共以中华民族武装自卫委员会筹备会名义发表了《中国人民对日作战的基本纲领》，提出了著名的抗日六大纲领。这个文件不再坚持推翻国民党是进行民族革命战争的前提条件，放弃了打倒一切帝国主义的口号，并提出建立一个中国民族武装自卫委员会作为全国抗战的领导机关。这个文件的统战思想无疑大大进步了。因此，它在国内各界引起强烈反响，几十万人签名拥护。

　　1935 年 8 月 1 日，中国共产党驻共产国际代表团根据共产国际第七次代表大会关于建立国际反法西斯统一战线的新方针，起草了《中国苏维埃政府、中国共产党中央为抗日救国告全体同胞书》（即《八一宣言》），于 10 月 1 日以中华苏维埃共和国中央政府、中国共产党中央委员会的名义在法国巴黎的《救国报》上发表。

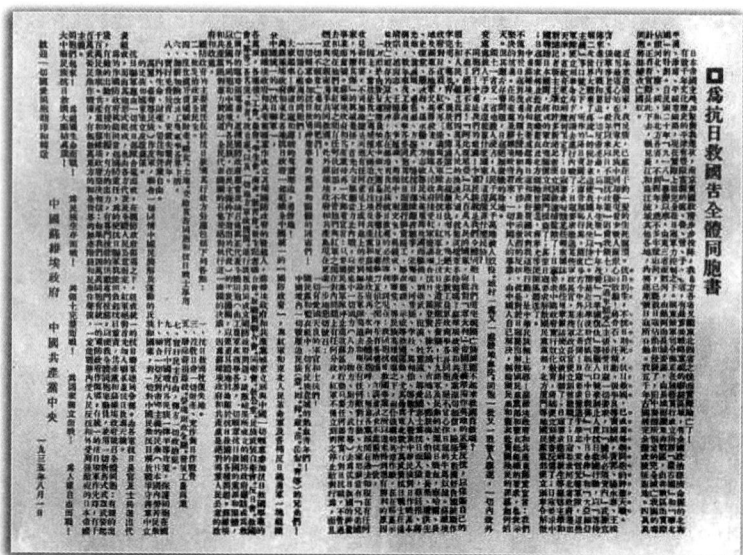

▲《中国苏维埃政府、中国共产党中央为抗日救国告全体同胞书》全文

宣言分析了九一八事变后的国内政治形势，揭露日本帝国主义对华北的侵略及企图灭亡中国的野心，痛斥国民党的不抵抗政策。指出中华民族正处在千钧一发的生死关头，抗日则生，不抗日则死，抗日救国，已成为每个同胞的神圣天职；号召全中国人民动员起来，停止内战，一致抗日。提出中国共产党当前的政治主张是组织国防政府和抗日联军。

八一宣言的发表，标志我党建立抗日民族统一战线的策略战线基本形成。在实践上，它获得全国人民和各界人士的热烈支持，在国民党统治区产生了巨大政治影响，有力地鼓舞和推动了抗日救亡运动的发展。

1935 年 12 月 20 日至 25 日，中共中央在陕北瓦窑堡召开政治局会议。会议通过了《关于目前政治形势与党的任务决议》，提出了"抗日反蒋"的方针，完整地制定了建立抗日民族统一战线的新政策。从此，党的抗日民族统一战线工作才真正蓬蓬勃勃、卓有成效地开展起来。

12 月 27 日，毛泽东根据会议精神，在中国共产党党的活动分子会议上作《论反对日本帝国主义的策略》报告，进一步阐述了中共关于抗日民族统一战线的策略思想，系统地提出了建立抗日民族统一战线的理论和政策。这表明：中共中央在遵义会议之后，从中国的实际出发进行一系列探索，终于实现了全党政治路线的重大转变。这就为迎接伟大的抗日战争，实现第二次国共合作奠定了坚实基础。

风起云涌——爱国浪潮不可挡

国际七大闭幕后，为了宣传八一宣言，促成抗日民族统一战线，中共驻国际代表在法共的帮助下，在巴黎创办了《救国报》[①]。1935 年 10 月 1 日，八一宣言在《救国报》上正式全文发表。[②]《救国报》利用国内《新生》周刊订户的名单和地址，将报纸广泛寄到北平、上海、广州、重庆等城市。于是，党的抗日民族统一战线政策便传到国内，引起各界人士的重视。

在中国共产党北方局的领导下，北平学生和各校进步教授首先起来响应党的号召，走上抗日救国的道路。1935 年 11 月 1 日，清华大学等十校联名发表《为抗日救国争自由宣言》，指出"同学们，大家起来，担负起天下的兴亡！""我们要做主人去拼死在疆场，我们……要掀起民族自救的巨浪！"1935 年 11 月 18 日，在共产党的领导下，北平市大、中学校抗日救国学生联合会（简称北平学联）成立了。

中共北平市委和学联党组织决定，首先以向国民党当局请愿的斗争方式，充分发动群众，然后由请愿转化成游行示威，掀起抗日反蒋运动，推动华北以至全国抗日高潮的迅速到来。

---

① 《救国报》后改名为《救国时报》。
② 杨尚昆：《一辈子做好事一贯有益于革命——缅怀吴玉章同志》，载《人民日报》1984 年 4 月 4 日。

12月3日，学联召开会议，决定联络北平市各大、中学校发起大规模请愿，同日本帝国主义的侵略进行斗争。12月8日，学联又召开各校学生代表会，确定12月9日上午10时前在天安门广场集合，然后去新华门向国民党政府的代表何应钦进行请愿斗争，陈述人民坚决抗日、反对投降的要求。

▲一二九运动中清华大学学生在街头演讲

"打倒日本帝国主义!""打倒汉奸卖国贼!""停止内战，一致对外!""反对华北自治!"的口号声，震撼了北平古城。学生代表向何应钦提出了公开宣布中日交涉经过；保障地方领土安全；停止一切内战。但何应钦的代表根本不理学生代表的正义要求，这使爱国学生极为愤怒。请愿不成，指挥部立即决定进行示威游行。

12月16日，是原定"冀察政务委员会"成立的日子，北平学联决定再次举行示威游行。这天拂晓，城内城外各校学生10000多人，到达预定集合地——天桥，和20000多市民一起，举行群众大会。他们高呼"打倒日本帝国主义！""反对华北自治！""反对卖国外交！"等口号。大会后举行示威游行，并在前门车站广场又一次召开市民大会，扩大宣传。大会一致通过了不承认"冀察政务委员会"、反对华北任何傀儡组织，收复东北失地等项决议。学生们的示威运动，唤起了广大民众的抗日热情，得到了各阶层人民的深切同情和支持。国民党政府慑于群众的威力，不得不推迟"冀察政务委员会"成立的日期。

▲北平学生的爱国行动得到全国各地民众的广泛响应，图为广西学生集会游行，声援北平学生的抗日救亡运动。

北平学生的爱国正义斗争，在全国范围内掀起了巨大波澜。12月11日杭州学生示威游行，12日广州学生示威，18日南京、天津、南宁等地学生示威，20日上海、武汉、长沙、梧州等地学生示威。各地响应北平学生爱国行动的斗争迅速超出青年学生的范围，势如破竹地扩展到社会各界。各地救国组织纷纷成立，北平成立了救国联合会，上海成立了工人救国会、文化界救国会、妇女救国会等团体。全国新出版的抗日救亡刊物如雨后春笋一般。

12月20日，中国共产党中央通过共产主义青年团中央，发表了《为抗日救国告全国各校学生和各界青年同胞宣言》，号召全国青年：把抗日救国运动扩大起来！到工人中去，到农民中去，到商民中去，到军队中去！唤起他们救国的觉悟，推动他们建立救国的组织。进一步建立各地各界救亡大会和全国救亡大会，实行全民抗日救国大联合，和实行各界同胞武装抗日的共同战斗！党向青年学生指出，爱国的学生运动，必须和工农兵武装抗日力量相结合，才能取得最后胜利。

根据党中央指示，在市委领导下，北平学联制定了深入农村发动群众，使革命知识分子与工农群众相结合的方针。立即组织了平津学生南下扩大宣传团，到农村去与广大农民结合起来，开展抗日救亡运动。参加宣传团的共有党团员和进步青年3000人，共编四个团，北平组织了三个团，天津组织一个团为第四团，于1936年1月3日、4日分三路南下。各团化整为零，躲开军警特务的监视，于1月8日在河北固安县会合。固安县的反动保安团如临大敌，紧闭城门，城墙上架起了机枪。南下宣传团指挥部决定在城外召开群众大会，并分头到农民家里宣传访问。宣传队还演出了话剧《打回老家去》，大家高唱"同胞们，大家一条心……我们不做亡国奴，我们要做中国的主人"。经过四天的宣传学习后，四个团合并成三个团继续南下，第一团直往雄县，第二团往新城，第三、四团合并为三团向涿州进发，预定十天后在保定集中。

在继续南下途中，第二团在辛立庄遭军警毒打，被武装解散，部分团员和一团汇合。1月14日第三团在高碑店遭反动军警和便衣特务的殴打，15 日被迫返平。第一团和第二团部分团员，白天隐蔽，晚上赶路，1 月 21 日到达保定。考虑到宣传活动已取得相当成绩，团员们决定返回北平，继续开展抗日救亡工作。

一团和二团部分团员在保定总结收获时，决定成立一个先进的群众性的青年抗日组织——"民族解放先锋队"，并选出九个筹备委员负责组织工作。第三团回北平后，也建立了"中国青年救亡先锋团"。这时，中共北平市委书记林枫与市学联党团负责人黄敬、姚依林等，根据党中央《关于青年工作的决定》的精神，商定组建由中国共产党领导的，统一的群众性的革命青年抗日组织。于是，1936 年 2 月 1 日，在北平师大召开代表大会，决定将两个组织统一起来，定名为"中华民族解放先锋队"（简称"民先队"）。大会通过了成立宣言，明确宣布其斗争纲领是：动员全国武力，驱逐日本帝国主义，成立各地民众武装自卫组织及各界抗日救国会，打倒傀儡政府，铲除汉奸卖国贼，联合世界上以平等待我之民族共同抗日；还通过了

▲中华民族解放先锋队到城乡进行抗日宣传

工作纲要、组织系统和规约。中华民族解放先锋队宣告正式成立。

民先队建立之后，不仅在平津地区，而且在全国各地都有很大发展。据1936年10月统计，有31个城市有民先队员，他们当中不仅有学生，也有工人、农民、店员和士兵。根据形势要求，民先队成立了全国总队部。到抗日战争前夕，队员已达7000人。

一二九运动揭露和声讨了国民政府的不抵抗政策，给汉奸卖国贼和日本帝国主义以沉重打击；它极大地鼓舞了全国人民，使更多的人参加到抗日救亡的行列中来，许多青年在运动中得到锻炼提高，毅然决然走上了革命的道路；它吹响了伟大民族解放斗争的号角，把全国的抗日救亡运动推向新的高潮。

为了联合全中国全民族的革命力量，党中央加强了北方局的领导，于1936年3月底，委派刘少奇到天津主持中共中央北方局的工作。在北方局领导下，1936年10月，北平学联公开成立了。1937年1月4日，在北平成立了包括河北、河南、山东、山西、陕西、绥远、察哈尔七省在内的华北各界救国联合会（简称"各救"）。它是一个以学生和上层知识分子为主，有工人、农民、商人、妇女各方面人士参加的群众抗日救国组织。后来，各界救国联合会把活动重心由北平转到天津，在冀东地区和河北省的各个县城建立分会。华北各地学生还建立了学生救国会。

当时驻在北平、天津一带的军队是国民党的第二十九军，军长为宋哲元。一二九运动中，第二十九军参加了对学生运动的镇压，因此北平学生与宋哲元的第二十九军处于尖锐对立的地位。当时群众中曾提出"打倒卖国贼宋哲元，打倒冀察政务委员会"的口号。刘少奇同志领导的北方局，对冀察政务委员会和担任委员长的宋哲元进行了具体分析，认为第二十九军是国民党军队中的杂牌军，与蒋介石的嫡系部队是有区别的。军长宋哲元曾与日本秘密签订卖国协定，冀察政务委员会又是日伪勾结的政权，但宋哲元本人是处在日蒋的双重压力下，还是动摇不定的。在日军进逼，个人利益受到威胁，以及全国抗日救国运动日益高涨的情况下，宋哲元有可能转向抗日。于是决定把"打倒卖国贼宋哲元"的口号，改为"拥护宋哲元将军抗日"的口号。这样做不仅有利于争取宋哲元和他周围的一些人，而且有利于争取第二十九军广大官兵参加到抗日救国运动中来。

▲中华民族解放先锋队等团体到前线慰问

为了贯彻北方局确定的争取第二十九军抗日方针，中国共产党组织派朱则民、刘昭、张友渔等到这支军队中，作宋哲元及中上层军官的联络争取工作，向他们阐述建立抗日民族统一战线的重大意义，并通过宋哲元部任军副参谋长及师参谋长的中共党员张克侠以及 37 师旅长何基沣等人，使第二十九军中的不少人与中共地下组织建立了联系。党组织当时在北平南苑办了一个部队参谋训练班，由中共党员及进步人士担任讲课教员，宣传抗日救国的道理，帮助他们认清民族危亡的大局。同时，中国共产党还特别加强了对下级军官及广大士兵的工作。1936年6月13日，北平学生举行抗日救国大示威活动，高喊"拥护第二十九军抗日"，"拥护第二十九军保卫华北"的口号，对第二十九军官兵起了很大鼓舞作用。学生们吃苦耐劳，认真学习，遵守纪律，使第二十九军官兵很佩服，他们彼此之间建立了友谊。学生们不断向士兵介绍进步书刊，教唱抗日歌曲，揭露日本侵略军在东北及华北的暴行，宣传共产党的抗日主张及统一战线政策，提高了广大士兵的觉悟。

与此同时，中国共产党通过多种形式和渠道，对驻在陕甘"围剿"红军而又非蒋嫡系的张学良的东北军和杨虎城的西北军（第十七路军）进行工作，争取与他们联合起来，共同抗日。

经过中国共产党的工作，到1936年上半年，在西北地区形成了红军、东北军、第十七路军联合抗日的局面。中国共产党的抗日民族统一战线政策取得了成果。

▲1936年周恩来与张学良会谈的地点

国共合作——民族复兴现曙光

国共两党间的重新接触开始于1935年秋冬，这一接触揭开了第二次国共合作的序幕。

华北事变后，日本帝国主义侵略步步紧逼，蒋介石为了维护自己的统治，准备抗战，希望通过与中国共产党对话，取得苏联的援助，同时也企图引诱中国共产党"就范"。所以，这一时期他曾数度向苏联驻华大使鲍格莫洛夫提出，希望改善同中共的关系。1935年10月18日，蒋介石在孔祥熙的官邸秘密接见鲍格莫洛夫时表示："如果苏联政府能够促进达到（国共）团结，我将是很高兴的。"1936年1月22日，在前一阶段交换意见的基础上，蒋介石同鲍格莫洛夫进行了详细交谈。他说："准备同意中共合法化，但是不能让中国红军存在，请求苏联政府利用自己在中国共产党人心目中的声望，说服红军承认中国实际存在的政府。"他还向苏联大使进一步表示，"他认为在下列条件下可同中国共产党谈判：红军承认中央政府的威望和指挥，保持当时的军队编制，参加抗日战争"①。

与此同时，蒋介石派遣他的亲信驻苏使馆武官邓文仪于1936年2月初回到莫斯科，会见中共驻共产国际代表团负责人

---

① ［苏］季托夫：《1935—1937年中国建立民族统一战线的斗争》第5章，载《党史研究》1985年第4期。

王明。邓文仪对王明表示：蒋介石在看到王明在共产国际七大的发言和关于抗日民族统一战线的文章后，就决定同中国共产党谈判。[①] 王明表示，国民党应同国内的中共领导人直接谈判。[②] 因此，中共代表团决定派潘汉年回国，促成两党直接谈判。1936 年 8 月，潘汉年到达陕北保安。11 月，中共中央任潘汉年为中共谈判代表，在上海与国民党方面的陈立夫、曾养甫进行初步谈判。

这个时期，在国内，国民党也曾设法通过多种渠道，沟通两党间的联系。1935 年，蒋介石把联络中共一事交给陈立夫负责。[③] 1935 年冬，中共在南京同国民党代表陈立夫、曾养甫、谌小岑、张冲进行了建立抗日民族统一战线的最初谈判。中国共产党方面的代表起初有昌振羽、张子华等，以后周小舟也参加了谈判。潘汉年回国后，作为共产国际与中共中央代表，全权参加了这项工作。谈判的主要议题有：停止军事冲突，红军改编，建立国防政府抗日联军，释放政治犯，开放抗日舆论和停止土地改革等项。谈判一直延续到 1936 年西安事变前夕。经过这一段时间的谈判、会晤，国共两党初步交换了意见。

在国共两党建立联系的过程中，宋庆龄也起到了重要作用。1936 年 1 月，宋庆龄把牧师身份的董健吾请到家里，交给他一封信，要他马上动身到瓦窑堡，把信当面交给毛泽东、周恩来，并再三叮嘱，此事办成功，益国匪浅。1936 年 2 月 27

---

① ［苏］季托夫：《1935—1937 年中国建立民族统一战线的斗争》第 5 章，载《党史研究》1985 年第 4 期。

② 同上。

③ 陈立夫：《参加抗战准备工作之回忆》，载（台湾）《传记文学》第 31 卷第 1 期。

日，董健吾与中共上海党组织代表张子华到达瓦窑堡，受到秦邦宪、林伯渠、张云逸等中央领导人的欢迎。在张子华、董健吾二人陈述意见后，秦邦宪等立即将这些情况电告在山西前线的毛泽东、周恩来等人。经过慎重研究，中共中央建议依据下列原则同国民党谈判："（一）停止一切内战，全国武装不分红白，一致抗日；（二）组织国防政府与抗日联军；（三）容许全国主力红军迅速集中河北，首先抵御日寇迈进；（四）释放政治犯，容许人民政治自由；（五）内政与经济上实行初步与必要的改革。"① 3 月 5 日，董健吾带着中共中央复信离开瓦窑堡，在到达上海的当天，即去宋庆龄家中复命。

经过多方努力，国共两党终于恢复了中断将近十年的联系。在这个过程中，中国共产党首先提出了抗日民族统一战线的策略，在得到国民党愿意和谈的信息后，迅速作出了积极的反应，并根据时局的发展，逐步调整自己的策略方针，努力促进抗日民族统一战线的形成。

1936 年 2 月，红军进行了东征战役。在实际斗争中，中国共产党逐渐认识到"抗日反蒋"的口号不利于抗日民族统一战线的建立，于是开始考虑改变这一口号。5 月 5 日，红军革命军事委员会向国民党军事委员会和各军队、各党派、各团体发出《停战议和一致抗日》通电，开始放弃"抗日反蒋"的口号。6 月 20 日，中共中央致书国民党五届二中全会，表示随时准备同"任何组织、任何中央委员、任何军政领袖进行关于合作救国的谈判"。8 月 25 日，中共中央发表《中国共产党致中国国民党书》，郑重提出"愿意同你们结成一个坚固的革命

---

① 《与南京当局谈判之意见》（1936 年 3 月 4 日），载《文献与研究》1985 年第 4 期。

的统一战线"。9月1日，中共中央向全党下达了《关于逼蒋抗日问题的指示》，明确指出："目前中国人民的主要敌人，是日本帝国主义。所以，把日本帝国主义与蒋介石同等看待是错误的，'抗日反蒋'的口号也是不适当的。"

逼蒋抗日和国共合作方针的确立，说明共产党决心化敌为友，共赴国难，向国民党敞开了合作抗日的大门。中共中央还向南京方面表示，在停止进攻红军，并确保安全的条件下，周恩来可以到广州谈判，并且为谈判拟定了《国共两党抗日救国协定草案》。瓦窑堡会议后，中国共产党把争取东北军、西北军作为工作重点，作为逼蒋抗日的中心环节。以西北地区的统一战线来推动全国的抗日民族统一战线，是党中央的重要战略步骤。

1936年10月15日，苏维埃中央政府和红军军事委员会发布命令，主动停止向国民党军队的进攻，要求南京政府"与吾人停战携手抗日"。10月26日，红军将领毛泽东、朱德、周恩来、彭德怀等四十六人，联名写信给国民党在西北的高级将领，提出红军"誓与你们合作到底"，愿作前驱担任一定战线，保证任务的完成，服从全国统一的军事指挥，不开入"抗日友军"的防地。值得注意的是，自1927年大革命失败后，把国民党称作"友军"，这还是第一次。但是，蒋介石仍顽固地主张"对于中共问题所持的方针，是中共武装必先解除，而后对他的党的问题才可作为政治问题，以政治方法来解决"[①]。在西安事变前的国共两党秘密谈判中，国民党代表始终坚持这一方针，企图用谈判的方法收编红军。这

---

① 张其昀主编：《苏俄在中国》，载《先总统蒋公全集》，中国文化大学出版社1984年版，第303页。

一点遭到共产党代表的严正拒绝。中共中央明确表示：红军仅可在抗日救亡前提下，承认改换抗日番号，划定抗日防地，服从抗日指挥。红军只能扩充，不能减少一兵一卒。离开抗日救亡无任何商量余地。还表示愿以战争求和平，绝不作无原则让步。

在两党谈判的同时，蒋介石一直没有放弃对红军的军事围剿，企图逼迫中共在谈判中屈从其无理要求。特别是在1936年10月31日，他调集了260个团的兵力，分四路包围红军。红军被迫奋起反击，取得了萌城堡战斗和山城堡战斗的重大胜利，歼灭胡宗南部78师，粉碎了蒋介石的进攻。在军事胜利的同时，中国共产党在政治上并未放弃联蒋抗日的方针。12月1日，毛泽东、朱德等代表红军将士致信蒋介石，再次诚恳地劝说蒋介石"允许吾人救国要求，化敌为友，共同抗日"，同时严肃指出，如果蒋介石再不认清形势，"徘徊歧路，将国为之毁，身为之奴，失通国之人心，遭千秋之辱骂"①。

但是，蒋介石仍不想改弦更张，加紧镇压抗日民主势力，逮捕了上海救国会主要领导人，制造了轰动一时的"七君子案"。与此同时，蒋介石还于12月初率陈诚、蒋鼎文等一大批文官武将来到西安，再次部署"剿共"事宜，企图一举消灭红军，并解决东北军和西北军的问题。蒋介石的倒行逆施，使已经坚定地站在联共抗日立场上的张学良、杨虎城根本无法接受。于是，他们在对蒋介石实行"苦谏"、"哭谏"而不起任何作用的情况下，被迫实行"兵谏"，发动了震惊中外的西安事变。

西安事变发生后，中国共产党从国家和民族的最大利益出

---

① 中共中央书记处编：《六大以来》（上），人民出版社1981年版，第787页。

发，继续坚持联蒋抗日的方针，在极为错综复杂的局势下，经过多方艰苦努力，终于使西安事变得到和平解决。这样，国共两党关系便出现了重大进展。

1936 年 12 月 23 日，双方开始正式谈判。南京政府方面由宋子文出席，西安方面由张学良、杨虎城、周恩来三人出席。谈判一开始，先由周恩来提出中共和红军的六项主张：（一）停战，中央军撤至潼关外。（二）改组南京政府，排逐亲日派，加入抗日分子。（三）释放政治犯，保障民主权利。（四）停止剿共，联合红军抗日，共产党公开活动。（红军保存独立组织领导。在召开民主国会前，苏区仍旧，名称可冠抗日或救国。）（五）召开各党各派各界各军救国会议。（六）与同情抗日的国家合作。以上六项，要蒋接受并保证实行。中共、红军赞助他统一中国，一致对日。宋子文听后，表示个人同意，答应转告给蒋介石。①

12 月 24 日，谈判继续进行。南京政府方面由宋子文、宋美龄两人出席，西安方面仍由张学良、杨虎城、周恩来三人出席。宋美龄明确表示赞成停止内战，她和宋子文对一些问题也都作了明确的承诺，这些承诺，周恩来在致中共中央的电报中作了汇报。

12 月 24 日晚，周恩来、博古在致中央书记处的电报中，说明了蒋介石的六项承诺：

今日蒋答复张：子，下令东路军退出潼关以东，中央军决定离开西北。丑，委托孔、宋为行政院正副院长，责孔宋与张商组府名单，蒋决令何应钦出洋，朱绍良及中央人员离开陕

---

① 中共中央文献编辑委员会编辑：《周恩来选集》（上卷），人民出版社 1980 年版，第 70—71 页。

甘。寅，蒋先回京，后释爱国七领袖。卯，联红容共。蒋主张
为对外，现在红军、苏区仍不变，经过张暗中接济红军，俟抗
战起，再联合行动，改番号。辰，蒋意开国民大会。巳，他主
张联俄联英美。①

12 月 24 日，双方最后达成了六项协议：（一）改组国民
党与国民政府，驱逐亲日派，容纳抗日分子；（二）释放上海
爱国领袖和一切政治犯，保障人民的自由权利；（三）停止
"剿共"政策，联合红军抗日；（四）召集各党各派各界各军
救国会议，决定抗日救亡方针；（五）与同情中国抗日的国家
建立合作关系；（六）其他具体的救国办法。24 日晚，周恩来
会见了蒋介石。周恩来先对蒋说："蒋先生，我们有十年没见
面了，你显得比从前苍老些。"蒋点点头，叹口气，然后说：
"恩来，你是我的部下，你应该听我的话。"周恩来回答："只
要蒋先生能够改变'攘外必先安内'的政策，停止内战，一
致抗日，不但我个人可以听蒋先生的话，就连我们红军也可以
听蒋先生的指挥。"② 周恩来向蒋介石阐述了中共的政策和西
安方面的意图后指出：坚持内战，自速其亡。接着，据周恩来
25 日给中共中央的电报说，蒋作了三点表示："子，停止剿
共，联红抗日，统一中国，受他指挥。丑，由宋、宋、张全权
代表他与我（注：指周恩来）解决一切（所谈如前）。寅，他
回南京后，我可直接去谈判。"③

至此，历时 14 天的西安事变，由于中共中央的正确决策

① 周恩来、博古致中共中央书记处的电报，1936 年 12 月 24 日。
② 申伯纯：《西安事变纪实》，人民出版社 1979 年版，第 157—160 页。
③ 中共中央文献编辑委员会编辑：《周恩来选集》（上卷），人民出版社 1980 年版，第 73 页。

及中共代表团（对外界用"红军代表团"）卓有成效的努力，由于全国广大人民和国内外一切主张团结抗日的人们的强烈要求，也由于红军和东北军、西北军作了对付"讨逆军"进攻的充分准备，终于获得和平解决。另外，国民党比较痛快地接受联共抗日等六项主张，也起了一定的促进作用。张学良、杨虎城两将军即因领导和解决了西安事变，"大有功于抗日事业"，而成为"千古功臣"。①

西安事变的和平解决，基本上结束了十年内战，为国共两党重新合作，共同抗日创造了前提。以此为转折，中国共产党领导的抗日民族统一战线进入了"联蒋抗日"的阶段，国共两党的关系也出现了新局面。

为了推动国民党进一步转变政策，促成国共合作的早日实现，中共中央于 1937 年 2 月 10 日发出《致国民党三中全会电》，提出了五项国策，包括停止一切内战，一致对外；召开各党各派各界各军的代表会议，集中全国人才，共同救国；迅速完成对日作战之一切准备工作等。同时还提出了四项保证，如停止武力推翻国民党政府的方针；工农政府改名为中华民国特区政府，红军改名为国民革命军等。五项国策是中国共产党提出的实现国共第二次合作的基本政治条件。四项保证是中国共产党为实现国共两党合作抗日而作出的重大让步。

中国共产党的正确主张和诚挚态度，得到全国人民的拥护和赞扬，同时也得到国民党内左派人士的热烈响应。在 2 月 15日召开的国民党五届三中全会上，宋庆龄、何香凝、冯玉祥等提出讨论和恢复孙中山所制定的联俄、联共、扶助农工的三大

---

① 西北大学历史系中国现代史教研室：《周恩来同志在纪念西安事变 20 周年座谈会上的讲话》，载《西安事变资料选辑》，1979 年，第 24 页。

政策紧急议案，呼吁国共合作，联合抗日。国民党的五届三中全会实际上接受了国共两党合作抗战的政策，首次明确提出了抗战的政治主张。至此，"攘外必先安内"的政策宣告结束，国共合作的抗日民族统一战线初步形成。

十万大军——宋哲元坐镇平津

　　"塘沽协定""何梅协定"和"秦土协定"以后，冀、察两省事实上已成为中国的国防前线，平、津两市已处于日军的半包围之中。原驻冀、察两省的国民党中央军已全部调离，而宋哲元的第二十九军则成为这一地区的主要中国军队。

　　国民革命军陆军第二十九军的早期军官均来自西北军，西北军的创始人是冯玉祥将军。

　　冯玉祥早年入伍，加入北洋陆军，1924 年，在第二次直奉战争中，冯玉祥发动了"首都革命"，将所部改组为国民军，任总司令兼第一军军长。1925 年 12 月，冯玉祥退至张家口就任西北边防督办，并通电取消国民军称号。从此，冯玉祥所领导的军队称西北陆军，是为西北军一词之创始。

　　冯玉祥将军思想进步，他不仅到当时的革命圣地苏联学习，还举行了五原誓师，宣布脱离北洋军阀系统，集体加入国民党，而且还容纳共产党加入西北军，并设政治部，由共产党员承担政治思想和宣传工作。

　　1927 年 7 月，冯玉祥在西安就任国民党第二集团军总司令。冯将军在建军过程中，培养了大批有才干的高级将领，最有名的号称"五虎上将"，即鹿钟麟、张之江、李鸣钟、刘郁芬、宋哲元。他们每个人都能率领一个集团军独当一面，单独作战。

▲ 五原誓师

　　1927 年北伐战争以后，蒋介石在南京成立国民政府。1930 年冯玉祥联合山西的阎锡山与蒋介石发生了战争，史称"中原大战"。结果因阎锡山失信致使冯玉祥惨败，42 万人只剩 9 万人，抵达山西暂编为两个军，由宋哲元、孙良诚负责。不久又有一批将领率军投蒋介石，冯玉祥军队只剩下 4 万人。这时宋哲元已从残酷的内战中吸取了沉痛的教训，决心从此不再参加任何内战。

　　1930 年，国民党中央决定由新任的陆海空副总司令张学良改编北方的军队。张学良将晋军和西北军改编为边防军。这时西北军尚有 9 万人，将领中以宋哲元威信最高，各方均认为他是西北军最高代表。最后确定西北军缩编成一个军，辖两个师，宋哲元为军长，冯治安、张自忠任师长。①

1931 年 1 月 16 日，陆海空总司令蒋中正、副总司令张学良任命宋哲元为东北边防军第三军军长（这是根据东北军番号排下来的）。从此西北军的名号不再使用，宋哲元及其部下在接受任命后即归张学良节制。1931 年 6 月全国陆军统一编号，宋哲元部改称国民革命军陆军第二十九军。

陆军第二十九军编制及驻地：

军长宋哲元		驻解县，后驻运城
第 37 师	师长冯治安	驻运城
第 1 旅	旅长赵登禹	驻离石
第 2 旅	旅长鲍刚	驻翼城
第 3 旅	旅长李金田	驻解县
第 38 师	师长张自忠	驻曲沃
第 4 旅	旅长董玉振	驻曲沃侯马
第 5 旅	旅长张春第	驻曲沃
第 6 旅	旅长张人杰	驻翼城②

1933 年，第二十九军已发展为四个师，即第 37 师（师长冯治安），第 38 师（师长张自忠），第 132 师（师长赵登禹），第 143 师（师长刘汝明）。1936 年宋哲元得到蒋介石的允许，又扩编了四个混成旅和两个保安旅，所需枪械由军政部拨给一部分，并由国外购进大批枪械弹药。

第二十九军在长城抗战中与日军进行过战斗，并在冀察前

---

① 李惠兰、明道广主编：《七七事变的前前后后》，天津人民出版社 1997 年版，第 36—37 页。

② 李云汉：《宋哲元与七七抗战》，台北传记文学出版社 1978 年版，第 19 页。

线亲身感受到日军的欺压，特别是受中国共产党领导下抗日救亡运动的影响，更激发了广大官兵的抗日情绪。所以当日军在军事方面压迫宋哲元时，第二十九军在可能的条件下能够坚决予以回击。1935 年冬，日军指使刘桂棠匪部由察东向河北省窜扰，企图在房山县一带建立据点，从西面威胁北平。第二十九军派第 37 师 110 旅将其击溃。1937 年 2 月，日军指挥冀东民团宁雨时部 3000 余人企图通过昌平、南口向西活动。第二十九军又派 110 旅将其歼灭，捉获日人三名。中国共产党领导的著名的一二九运动及后来广泛开展的抗日救亡运动，对激发第二十九军广大官兵的抗日情绪发挥了很大的作用。第二十九军副参谋长张克侠、110 旅旅长何基沣与中共建立了密切的联系，积极推动第二十九军抗战。

第二十九军广大官兵高昂的抗日情绪，为坚决抵抗日军对卢沟桥的进攻奠定了坚实的思想基础。

但是宋哲元及第二十九军的上层领导人物并没有坚决抗战的决心。宋哲元掌握冀察军政大权后，大力扩军，并以第 37 师师长冯治安兼任河北省主席，第 38 师师长张自忠兼任天津市长，第 132 师师长赵登禹兼任河北省保安司令，第 143 师师长刘汝明兼任察哈尔省主席。他们扩军升官以后，并没有把对日作战置于重要位置。国民政府军事委员会曾拨给第二十九军修筑国防工事费 50 万元。宋哲元将此款分发给各师，各师均留为己用，致使战争爆发后平、津地区根本没有防御阵地。宋哲元及其第二十九军与日军不断往来。1937 年 4 月 23 日到 5 月 29 日，第二十九军派张自忠率部分高级将领赴日本参观日本陆海空军联合演习；于 6 月 6 日邀请日军驻北平特务机关长松室孝良和日本武官、顾问以及驻平日军连以上军官，在中南海怀仁堂同第二十九军将领联欢。冯治安、刘汝明等也常与日军拉拢，就在事变前夕的 7 月 3 日，冯治安还邀请日军副武官今井武夫到保定参观游览。第二十九军上层将领的这种消极情绪，也是战争爆发后在日军总攻下迅速溃败的重要原因。

▲守卫卢沟桥的国民党第二十九军士兵

黑云压城——侵略者磨刀霍霍

日本法西斯在 1929 年开始的世界性经济危机及社会危机中，推动日本发动 1931 年的侵华战争，使法西斯运动在日本全国得到广泛迅速的发展。

法西斯"军部势力"在打垮政党政治势力后，军部势力内部矛盾上升。主要由军部幕僚组成的统制派，主张通过上层合法的稳健的方式，推行政治、经济方面的"改革"，建立天皇制军部法西斯的独裁统治。主要由少壮派军官组成的皇道派，则主张以武装政变的急进方式，打倒元老、重臣、官僚、政党、财阀等特权阶层，在"皇道精神"的指导下，建立一君万民的"皇道国家"和军部的法西斯独裁统治。由此可见，统制派与皇道派在拥戴天皇和建立军部法西斯政权上，目标完全是一致的，只是实现军部法西斯独裁的方法和手段不同。

1936 年 1 月，日本军部下达派遣驻东京的第 1 师团开往中国东北的命令，因为第 1 师团是驻防东京的两个师团之一，是皇道派少壮军官的主要据点，于是出现了这次派遣是为使他们远离东京的传说。第 1 师团的少壮军官，遂下定决心实行早已准备好的军事政变，以建立法西斯独裁政权。

2 月 26 日凌晨，驻东京第 1 师团 1400 余名士兵，在野中四郎上尉、安藤辉三上尉、栗原安秀中尉等 21 名尉级军官的策动下，占领了东京政治中心永田町一带，包围了闲院宫、高松宫、内大臣、首相、陆相、外相等官邸，枪杀了首相的秘书（误认为是冈田启介首相），杀害了内大臣斋藤实、藏相高桥是清、教育总监渡边锭太郎。兵变的军官会见了陆相川岛义之，递交了《奋起宣言书》，敦促陆相向天皇转达，并提出了希望事项。同时，兵变军官已准备好起事成功后的组阁名单。川岛陆相，写出承认兵变内容的《陆军大臣告示》，并通知给军官们，承认他们占领的区域是他们守备的地区，答应他们的要求，准备建立法西斯军事独裁。

▲日本二二六事件现场

二二六事件成为日本历史上一个重大的转折点。皇道派叛乱军官所期待的法西斯主义体制和军部独裁统治的目标，都由统制派军阀实现了。

　　陆军省对各类学校开展了军国主义的军事教育和训练，鼓吹振兴"皇运"，灌输武士道精神。日本与法西斯德国的勾结也在加紧进行。冈田内阁辞职后，广田内阁成立。

　　日本帝国主义在国防方针中，虽然也提出以俄国（苏联）和美国为首要的假想敌国，中国为第二位的假想敌国，但是按照对象强弱的程度，预定的侵略步骤却是先中国后苏、美。因此，在确定用兵计划时，始终把中国作为首先的侵略目标，拟定其作战计划。

　　日本帝国主义侵占中国东北三省后，陆军当局进一步研究和制定全面侵华的作战计划。由于只出动少数部队就兵不血刃地侵吞了东北，进一步增长了日本对中国抵抗力的轻视。因此，其作战计划的基本点，是要乘中国国民党政府对内全力进行内战，对外推行妥协、退让的不抵抗政策，不可能出现全国抵抗侵略的有利时机，以保护日本权益和侨民等为借口，出动少数兵力，尽速占领华北、华中和华南的"必要"地区，迫使中国国民党政府屈服投降，变中国为日本的独占殖民地。

　　1934 年，日本陆军中央部制订了 1935 年度侵华作战计划，其主要内容如下。

　　（一）对华北方面作战

　　在平津地方作战时，第七集团军（以中国驻屯军、关东军的 1 个旅团以及由日本国内及朝鲜派来的三个师团为基干）占领北平及天津附近要地。

　　在山东方面作战时，第八集团军（以两个师团为基干）与海军协同，在山东半岛及海州附近登陆，占领青岛、济南、海州附近要地。

　　根据情况，可合并第七、第八集团军为一个方面军。

（二）对华中方面作战

第九集团军（以三个师团为基干），与海军协同，在上海附近长江下游地区登陆，占领上海附近地区。

根据情况，可由华北方面沿平汉铁路南下，策应沿长江向汉口方面作战。

（三）对华南方面作战

以一个师团的兵力，主力占领福州，一部占领厦门，必要时占领汕头。

以上对华作战总兵力为三个集团军共九个师团。

1936 年度日本侵华作战计划，大体沿袭了 1935 年度的计划，不同之处，只是取消了深入腹地的汉口作战。

1936 年，日本国内的法西斯统治已经形成，准战时体制已经建立，在国际摆脱了裁军条约的限制，加强了和法西斯德国的勾结，对中国的侵略进一步得手。为了迅速实现灭亡中国的目的，日本陆海军中央部经过近半年的研讨和协商，于 5 月对《帝国国防方针》进行了第三次修改。

日本新的《帝国国防方针》及用兵纲领于 5 月 1 日修订完毕，6 月 3 日经裕仁天皇批准。

日本修改后的《帝国国防方针》和《帝国军队的用兵纲领》，露骨地反映了日本的世界战略的侵略性和疯狂性。它公然宣称要实现天皇的宏图，发扬帝国的国威，以先发制人、速战速决的战略，逐次向中、苏、英、美进攻，消灭其陆海军主力，占领其疆域，控制东亚大陆和西太平洋，最后称霸世界。

日本陆海军中央部在完成《帝国国防方针》和《帝国军队用兵纲领》的修改后，展开新的政治攻势，促使议会通过适应扩大对外侵略的基本国策。

1936 年 6 月 30 日，日本陆军参谋部作出《国防国策大纲》最后方案。它是一个包括军事、外交、财政等各方面的广泛的国防政策的纲领，其中陆海军在方针方面也达成一致协议，将"北守南进"改为"南北并进"。

1936 年 8 月 7 日，日本在五相会议上，通过了《国策基准》。《国策基准》是日本政府第一次明确制定的向大陆和海洋同时扩张的全面侵略计划。它具体地规定了侵吞中国、进犯苏联、待机南进的战略方案。它首次把北进和南进两个方面并列为国策，妄图独占东亚大陆，控制西、南太平洋，争霸世界。这一侵略性的《国策基准》，一直成为日本政府在亚洲和太平洋扩大侵略所遵循的方针。在以后的年代里，日本政府始终按照这一基准行动。

1936 年，日本陆海军中央部照例于 9 月末前制定第二年度的作战计划（年度是从本年 4 月起至翌年 3 月止），日本侵华战争全面升级的准备日趋完善。日本感到自从实行侵吞华北的计划以来，和英美等国的矛盾进一步加深。1935 年 12 月 5 日，英国外相贺尔表示，英国对华北情势"密切注视"。次日，美国国务卿赫尔发表文告，声明对"华北自治运动"不能熟视无睹。但是，他们对日本的军火贸易继续在进行。苏联明确谴责法西斯国家在东西方的侵略，但为了自身利益，亦尽量避免激化矛盾，并于 1935 年 3 月将中东铁路非法卖给日本。国际联盟也仍在推行着怂恿侵略的绥靖政策。同时，日本看到，意大利自 1935 年 10 月侵入阿比西尼亚后，于 1936 年 5 月即将其吞并。德国于 1935 年 3 月宣布重新发展军备，建立 50 万军队，1936 年 3 月撕毁凡尔赛和约和洛迦诺公约，悍然进兵莱茵非军事区，并于 7 月与意大利开始了干涉西班牙的武装侵略。德意法西斯国家在西方的侵略行动，使日本法西斯的侵略野心受到鼓舞，它急欲在中国扩大侵略战争。

日本帝国主义历来是把中国作为首先要侵吞的假想敌国，照例编制年度对华作战的计划，而且对作战方针、原则与入侵战略方向，以及作战兵力的编成和部署，军事与外交如何配合等等，谋划得愈来愈具体和周密。

登堂入室——驻屯军早有埋伏

说起全面抗战爆发，人们往往会对一个问题感到迷惑不解：日本军队不是待在东北吗？1937年7月7日卢沟桥抗战的时候，华北并没有沦陷，宛平城卢沟桥一带怎么会有日本鬼子呢？他们是从哪里来的？

要回答这个问题，还需从辛丑条约说起。

1901年9月7日，清政府被迫与列强签订了中国近代史上最屈辱的辛丑条约。列强通过该条约，不仅向清政府勒索4.5亿两白银，还附加了许多苛刻条件，其中一条就是外国军队可以驻扎于北京和从北京到山海关沿线的12个战略要地。实际上，早在辛丑条约签订前4个月，日本政府就以护侨、护路为名，宣布成立"清国驻屯军"，任命大岛久直中将为第一任司令官，司令部设于天津海光寺，兵力部署于北京、天津、塘沽、秦皇岛、山海关等地。这支庞大的武装，犹如一只登堂入室的恶狼，对中国不仅是一种威胁，更是一种创深痛剧的民族耻辱。

1936年，日本随着侵华战争步伐的加快，广田内阁决定再次大幅度地增加中国驻屯军，扩大其编制，在驻屯军司令部下设驻屯步兵旅团司令部（辖步兵第1、第2联队）、坦克队、骑兵队、炮兵联队、工兵队、通信队、宪兵队及医院、仓库等。总兵力由改编前的人员 1771 名，马 174 匹，增至改编后的人员 5774 名，马 648 匹，兵力增加近三倍。同时，将过去每年的轮换制，改变为永驻制。上述扩充的日军各部队，6 月上旬先后在中国登陆，强行部署于塘沽、滦县、山海关、秦皇岛等地，控制战略要点。据 1936 年 9 月 22 日《申报》讯：华北日驻军总数已达 1.4 万人以上。

▲天津日军驻屯军兵营

日本的中国驻屯军猛增兵力后，首先以一部加强原驻兵据点，控制北宁铁路沿线的塘沽、滦县、山海关、秦皇岛等要地，以保障运兵线和后勤补给线的畅通。接着，便谋划对北平实施战略包围的新部署。日本将驻屯军开进通县和丰台，这是对中国主权的侵犯。这一点就连日本军阀陆军次官梅津美治郎也不得不承认，驻屯军驻守点"根据议定书的规定不能离开北宁铁路而置于通州"，而丰台既非辛丑条约指定的地点，又是平汉铁路的通道。1936 年 5 月，日本驻屯军开始在丰台非法建造兵营，并不断派人到中国驻军兵营挑衅制造事端，然后提出抗议，要求第二十九军从丰台撤出。7 月下旬日本驻屯军步兵旅团第一联队第三大队强行进驻丰台。9 月中旬，再次挑起两军枪击事件，逼迫宋哲元从丰台撤出中国驻军。

　　1937 年制造卢沟桥事变的，正是日本的中国驻屯军步兵旅团第一联队第三大队。到那时，日本的中国驻屯军驻扎北平已有 36 年了。

兵家要地——卢沟桥不容再失

卢沟桥位于北京西南方约 15 公里，南侧与京石高速公路相邻，北侧有京广铁路桥。

◎ 永定河——古时称作卢沟河

永定河，是古代漯河的一支，上游叫桑干河，源于山西，流过黄土高原，在怀来盆地与妫河汇合后，进入华北大平原。下游的卢沟河，含沙量大，而且流量极不稳定。夏季，一遇暴雨，山洪一泻千里，每每酿成大灾。所以，历史上曾有小黄河和浑河之称。卢沟河经常泛滥，河道迁移不定，所以又叫作无定河。清朝康熙年间，河道疏浚，并筑堤防洪，改名永定河。

卢沟桥就建在永定河上。

12 世纪中叶，宋、金订立和约，金朝在北方的统治相对稳定。1149 年，女真贵族完颜亮发动宫廷政变，夺得皇位，1153 年，正式迁都，改燕京为中都。中都城位于今北京城西南角，距离卢沟渡口不过十公里。中都成为金朝的政治、经济、文化中心以后，作为中都门户的卢沟渡口交通日益繁忙，行旅商贩、往来使客络绎不绝，浮桥或木桥已不能适应需要。

1185 年，卢沟河水又一次泛滥。金世宗下诏令中都城周

围 300 里以内的民夫前往堵塞决口。河水泛滥给金朝带来很大
损失，南北往来也不得不因此中断。这种情况使金朝统治者下
决心兴建一座永久性的、在洪水期间也能保证畅行的大桥。
1188 年（大定二十八年）5 月，金世宗下诏："卢沟河使旅往
来之津要，令建石桥。"①

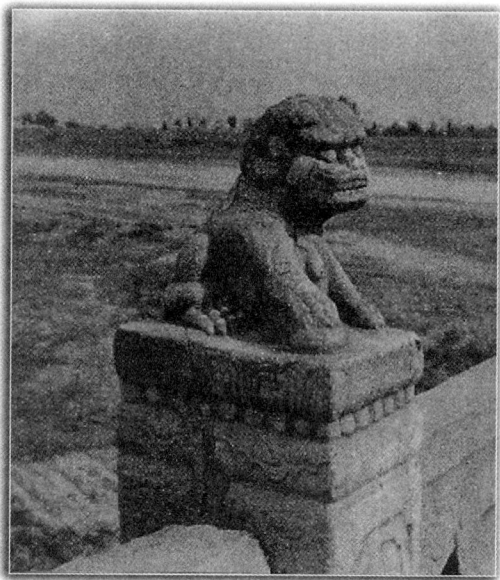

▲卢沟桥金元石狮

不久，世宗去世，这个诏令没有付诸实施。金章宗继位之
后，又下令修建卢沟桥。1189 年（大定二十九年）开始动工
建筑石桥，历时三年，到 1192 年（明昌三年）3 月大桥建成。
从此，"诸路之物可迳达京师，利孰大焉"，金章宗大为高兴，
赐名"广利桥"。但民间一直以河的名字称此桥为卢沟桥，并
沿用至今。

---

① ［元］脱脱：《金史·河渠志》，中华书局 1975 年版，第 687 页。

▲卢沟桥

◎ 卢沟晓月

卢沟桥在古代同西安的灞桥一样，也是送别行人的地方。早在金代赵秉文有诗云：

河分桥柱如瓜蔓，路入都门似犬牙。

落日卢沟桥上柳，送人几度出京华。

从北京城告别亲友出发上路的行人，赶到十几公里外的卢沟桥，已是夕阳西下，就得打尖住宿了。而从各地到京城办事的人们，也要在此住下。卢沟桥建成之后，有人向金章宗说：卢沟桥为"车驾之所经行，使客商旅之要路，请官建东西廊，令人居之"，以免"为豪右所占；况罔利之人多止东岸，若官筑，则东西两岸俱称，亦便于观望也"。金章宗从之。① 官府

———————————

① ［清］于敏中：《日下旧闻考》（第 5 册），北京古籍出版社 1981 年版，第1559 页。

和民间争相在卢沟两岸建房筑楼，使卢沟渡口日趋热闹繁华，成为京城西南的重镇。

每到凌晨，留宿的客人梳洗收拾，在天明时登程。他们悠然上桥，凭栏仰望，蓝天疏星淡月，远眺浑河如线，晨曦中的西山时隐时现，一派壮丽景色；俯首近观，河水鳞波闪闪，晓月如霜，大地似银，意境非凡。因此，早在金代就把这里列为"燕京八景"① 之一，叫"卢沟晓月"。

"卢沟晓月"的意境是远山、近水、晓月、美桥浑然一体构成的。在这个景色美、意境佳、极富诗情画意的地方，历代文人学士凭栏吟哦，写下了许多诗篇。元朝陈孚的《卢沟诗》，写出了卢沟桥的气势，写出了桥上车马杂沓的繁忙景象，也写出了河畔景色：

> 长桥弯弯饮海鲸，河水不溅冰峥嵘。
> 远鸡数声灯火杳，残蟾犹映长庚横。
> 道上征车铎声急，霜花如钱马鬣湿。
> 忽惊沙际金影摇，白鸥飞下黄芦立。

明朝金幼孜的《卢沟桥》一诗，则描绘出了卢沟晓月令人驻足欣赏的意境：

> 卢沟杳杳出桑干，月照河流下石滩。
> 茅屋鸡声斜汉曙，江沙雁叫早霜寒。
> 水光漠漠山烟白，野色摇摇塞草残。
> 千古长桥枕南北，忆曾题柱倚阑干。

历代文人墨客的名诗佳句，桥头乾隆御碑，使"卢沟晓

---

① 燕京八景是：蓟门烟树、玉泉垂虹、卢沟晓月、西山霁雪、太液晴波、琼岛春荫、金台夕照、居庸叠翠。

月"更是名声大振。今天，这块御碑仍完好地立在卢沟桥东北侧。卢沟桥旁另有三块石碑，其中两块是清康熙、乾隆两朝的修桥题记碑，一块是乾隆题永定河诗文碑。这四块古碑以及雕刻精美的碑亭，为卢沟桥增添了新的风姿。

◎ 北平西南的咽喉要道

卢沟桥的重要地位，使它成为历代兵家的必争之地。宋朝童贯督大军攻打燕京，首先抢夺卢沟桥。宋军渡河之后，金主与阿克善等卷甲移灶，败退三十里。元朝的上都诸王忽刺台等进攻大都，亦进逼到卢沟桥，燕帖木儿军队死守，忽刺台被打败退兵。明时，燕王朱棣举兵靖难，建文帝派李景隆率兵讨伐燕王。燕王为诱敌，撤卢沟桥守军，李景隆不知是计，轻蔑地说：放弃此桥不守，由此可见朱棣没有军事眼光。他引兵渡过卢沟桥，遂围北平。只因燕王率北平军民齐心抗敌，连城中妇女都被动员上城墙掷瓦石，"李景隆令不严，骤退。北平守益坚"①。

20 世纪，北京的地理环境发生了很大变化，卢沟桥的战略地位却没有变。1922 年，直奉军阀为争夺卢沟桥这条要道，血战五昼夜，双方死伤狼藉。河边尸骨堆积如山，永定河水都被染成了红色。20 世纪 30 年代，日本帝国主义染指华北，魔爪伸到卢沟桥畔，制造了震惊中外的卢沟桥事变。

日军选择卢沟桥这个地方制造事端，显然是看到了卢沟桥地理位置的重要，这是他们蓄谋已久的行动。日本侵略者的罪恶目的是要吞并整个中国，河北平原当然是他们的必争之地。

---

① ［清］于敏中：《日下旧闻考》（第 1 册），北京古籍出版社 1981 年版，第 64 页。

▲1937 年 7 月 7 日的卢沟桥

河北北依长城，东临渤海，南恃黄河，地处五河下游，境内河道纵横交错。河北平原的西北面五台山连绵横卧，重峦叠嶂。太行山脉屹立于河北、山西之间，形成天然屏障。松岭、燕山由东北入境，形成北方的天险。要夺取河北平原，必须先占领平津。因此，完成对北平的包围，是侵华日军的一个重要战略步骤。

全面抗战爆发前夕，日本侵略势力对北平已经形成了一个三面包围的态势：东部有伪冀东自治政府、伪唐山自治政府（它的势力控制到了山海关）等。昌平县内的平绥铁路咽喉——南口被冀东伪政权所掌握；在东南方向，日本强行霸占了丰台镇。北平对外的通道只剩下西南角的卢沟桥了。通过卢沟桥的平汉铁路，仍然在中国军队掌握之中，这是北平保持对外交通、联络的唯一的道路了。

如果日本侵略者占领了卢沟桥这条北平西南的咽喉要道，

它的势力将延伸到宛平城和长辛店，与已被日军把持的丰台地区连成一片，完成对北平的四面包围，北平与外界的通路将被完全切断。那时，北平就成了一座孤城，河南的米、河北的棉麦、周口店和山西的煤、察绥的杂粮等，都无法运入平津，平津就变成日本侵略者的囊中之物了。

20 世纪初，为修铁路，卢沟石桥以北约半里远的地方，建起了一座卢沟铁路大桥。1905 年，由北平通向汉口的铁路（最初称卢汉铁路）全线通车，卢沟桥的战略地位更显重要。这座全长 940 公尺的铁路桥，连接着南北铁路干线，成为平汉、平绥、平津三大铁路的汇合点。平汉铁路在卢沟桥有两条支线：一条直达北平，并有一条支线到通州；另一条向东到丰台，与北宁路会合。另外，卢沟桥还有公路与平（北平）热（热河）、平喜（喜峰口）公路相连。纵横交错的铁路、公路线可以控制四面八方，也可以得到四面八方的应援。如果日军以卢沟桥为中心，以 500 公里为半径，沿津浦、平汉铁路南下中原，南半弧中陇海铁路上的铜山、开封、洛阳，山西的临汾、太原，绥远的包头、归绥（呼和浩特）就会腹背受敌；如从北宁路，平喜、平热公路进军，北半弧中的青岛、冀东、辽宁、热察等地日军军力的集中分散，组织部署，二十几个小时就能完成。因此，日军侵占东北、热河、察北、冀东之后，卢沟桥必然成为它的重要侵略目标。

日本侵略者急于控制卢沟桥，还因为看到了平汉铁路在战争中的作用。中国军队要抗击进犯的日本军队，收复失地，平汉铁路就是主要的运输线。另外，在中国的西北部有一大批抗日有生力量，这部分抗日生力军要往前线调动，也一定依靠平汉铁路。日军急于把它的势力伸展到平汉铁路，其目的之一就是妄图先发制人，将平汉铁路紧紧地控制在手，切断中国方面的运输线，使中国军队和西北的抗日有生力量无法开赴前线。

对于中国来说，"卢沟桥之得失，北平之存亡系之；北平之得失，华北之存亡系之；而西北、陇海线乃至长江流域，亦莫不受其威胁也"。由于关系至大，中国军队必须固守卢沟桥，"为北平存留着这条唯一的气管"①。

◎ 宛平城——拱卫京师的重镇

卢沟桥原属宛平县城。宛平是北京南方的门户，是拱卫京师的重镇。卢沟桥所具有的特殊地理位置，使其东岸的宛平城也因此而为历代兵家重视。

宛平城原名拱北城，称为宛平城，其原委还得由明代说起。明朝永乐年间，由南京迁都北京，以直隶于京师的地方建顺天府，下设宛平、大兴二县为畿辅首县，分辖北京的全部领地。两个县以正阳门、棋盘街、地安门一线分界，以东属大兴，以西属宛平。两县治所都设在北京城内。明崇祯十年（1637）至崇祯十三年（1640），为了保卫京师，以"卢沟畿辅咽喉，宜设兵防守，又须筑城以卫兵。于是当桥之北②，规里许为斗城，局制虽小，而崇墉百雉，俨若雄关，城名拱北。南曰永昌，北曰顺治，并于崇祯丁丑③，特设参将控制之"④。清代沿袭明制，只是改顺天府为直隶省，大兴、宛平仍是京师首县，县署也仍在北京城内。清朝还改拱北城为拱极，又改永

---

① 《卢沟桥的形势》，载《港报》1937 年 7 月 17 日。
② 北当为东，原书误。
③ 崇祯丁丑是 1637 年。
④ ［清］于敏中：《日下旧闻考》（第 5 册），北京古籍出版社 1981 年版，第 1559 页。

昌门为威严门，多次进行修缮。在拱极城设西路捕盗同知和巡检司，并有游击营驻防。在明清两代，这座城池一直驻有重兵，是守卫北京的桥头堡。1913年，宛平县治迁到卢沟桥东侧的拱北城内，第二年又迁回北京城。1928年6月，南京国民政府改直隶省为河北省，改北京为北平，并划为特别市，设北平政治分会，宛平县署再度迁回拱北城。从此，人们称拱北城为宛平县城。

▲ 宛平城

宛平城呈长方形，东西长640米，南北宽320米，设东西两个城门，都建有瓮城与城楼。城墙基部是由六层条石砌成，条石上砌砖，中间夹层用黄土碎石充填，夯实，城墙顶上再铺上三层面砖，非常坚固。城的四角都筑有角台，角台上盖着角楼，南北两面城墙上建有中心台，台上有岗楼，城墙上还另设有兵屋。城墙垛口的上方留有空隙以供瞭望，下方有射孔，供御敌之用。宛平城是一座为防卫而设的城池，其规制与一般城池有很大不同，它不设报时用的钟楼和鼓楼，也不建设供平民百姓居住的房屋及大街小巷，更没有经营生活用品的商贾铺面。宛平城只有驻兵的营房、囤积物资的廒仓甲库，操练兵丁的教场和供四隅联络以资守望的墩堡。

古老的宛平县城，是侵华日军挑起七七卢沟桥战争的历史见证，也是侵华日军屠杀无辜百姓的历史见证。

外交斡旋——宛平城特设专署

　　1936年秋，日本侵略者占领了丰台，继而觊觎宛平城。日军先提出要在平大公路（北平至大名）上的大井村修建飞机场，接着又要穿过宛平城和卢沟桥到长辛店进行军事演习。日本侵略者的真正目的是借演习之名，行切断北京对外的唯一通道，占据卢沟桥、长辛店之实，为它南攻保定、石家庄作积极的军事准备。

　　因此，围绕着卢沟桥、宛平城一带，中日交涉事件极为频繁。当时，宛平县的一切政务本应归河北省处理，但因宛平距河北省会保定180公里，省府难以顾及这个地区。宛平县城距北平市只有十余公里，又是北平的门户地区，若由北平直接处理，就可方便得多。于是，1937年1月1日，在宛平县城成立了以专门办理对日交涉事务为目的的河北省第三区行政督察专员公署，下辖宛平、大兴、通县、昌平四个县，有关涉外事宜直接归北平市政府领导。北平市政府参事、宣传室主任王冷斋被任命为督察专员兼宛平县县长。

　　王冷斋任职的宛平专署所辖四县的一般行政工作仍属省府管理，专署主要是办理对日交涉事件，故只设有一个秘书室，并无其他机构。王冷斋自费聘请留日学生卓宣谋为外交秘书，因为卓宣谋不但精通日语，而且交游很广，他的哥哥卓定谋是

▲王冷斋在宛平城

中国实业银行的总经理，另一个哥哥卓采谋也是官场上的显赫人物。王冷斋要借助卓宣谋的身世，来抬高宛平专员公署在办理外交事务的过程中的身份。

从 1937 年 1 月至 7 月，宛平专署只存在了七个月。在这段时间里，临危受命的王冷斋勇敢地捍卫祖国的尊严，拒绝日军提出的无理要求。战事爆发，宛平公署被日军炮火击毁，他把桌子搬到街上继续办公。随即又以中方首席代表的身份与日方交涉，在谈判桌上和日方进行了紧张的斗争，终因劳累，咯血住院。这时期，王冷斋还写了《卢沟桥纪事诗》，真实地记录了宛平前线强敌压境的紧张形势，写出了全国人民高昂的抗战情绪以及二十九军大刀队威风凛凛打击侵略者的形象：

长虹万丈跨卢沟，
胜地流传七百秋。
桥上睡狮今渐醒，
似知匕首已临头。

一声刁斗动孤城，
报道强邻夜弄兵。
月黑星沉烟雾起，
当时七夕近三更。

暗影沉沉夜战酣，
大刀队里出奇男。
霜锋闪处寒倭胆，
牧马胡儿不敢南。

一局棋争我着先，
森田不振更牟田。
增兵再调河边旅，
依旧逡巡不敢前。

宛平专署成立之后，驻丰台的日军大队长一木清直竟首先赶来"祝贺"。接着，日本驻丰台的宪兵队长、丰台警察署长也都来"祝贺"。这是正常的礼节性祝贺吗？一木清直每次外出必骑高头大马，这次为什么要徒步而来呢？几个月后，宛平古城被日军炮火炸毁，一木清直徒步祝贺之谜才被揭晓。

频繁演习——大战前风声渐紧

日本为了进一步了解中国方面的政治军事战略动态，摸清中国军队的防御部署和作战准备，掌握必要的兵要地志情况，便于策划侵华战争的全面升级，从1937年3月起，由陆海军中央部派出高级将校参谋要员，以所谓"视察"、"旅行"等名目，多次到华北、华中等地进行秘密侦察，或召集现地将校回东京，汇报当前中国军政的形势。3月上旬，日本陆军参谋部将日本驻中国大使馆武官喜多诚一少将、中国驻屯军参谋和知鹰二中校、关东军参谋大桥熊雄少校三人召回东京汇报现地形势。4月起，派遣教育总监部部长香月清司中将，对中国华北和东北，进行了为期一个半月的"视察"，6月令其就华北状况向日军中央部作了报告。5月下旬，派遣陆军省的军务科长柴山上校、外务省的东亚局长森岛守仁、海军方面代表藤井茂少校三人到中国华北地区，向现地日军传达陆海军中央部的方针。同时，又派遣参谋部第7科科长永津比重上校，偕同柴山上校在华北现地"视察"，征求当地指挥官的意见。5月下旬，还派遣参谋部三科部员公平匡武少校和井本熊男上尉，以"旅行"为名，先后到天津、北平、张家口、归绥、大同、太原、济南、青岛等地"视察"和了解情况。井本于6月中旬回东京汇报，公平少校又去华中方面探听情况，6月底返东京作了报告。6 月中旬，日军参谋部派遣军事科高级科员冈本清福中校，到中国现地了解卢沟桥附近的形势，并处理配备参谋人员问题。在短短的三个多月中，日本竟频繁地派出六批将校幕僚，前往中国华北、华中和东北地区，进行战略性的侦察，仅仅这一事实本身，就足以说明问题的实质。

日军为了检验和完善全面侵华战争的计划，训练部队以适应新作战计划的要求，提高其战斗准备程度，在日本国内和中国现场，进行了反复的指挥官演习和部队战术演习。1936 年末，日本陆军参谋副总长西尾寿造中将，率领将官 10 名左右，在日本京都、名古屋进行了一次异乎寻常的图上军事演习。这个高层次的演习想法是，首先全面进攻中国，夺取人力、物力资源，然后在有利的态势下，再向苏联进攻。这是日本将侵华战争扩大升级，尔后向第三国发动侵略的世界战略的预演。因此，日本组织全部现役和退役上将，参观了这次演习，以统一战略思想。参加演习的将官，随后都担任了日军全面侵华战争各兵团的司令官。①

1936 年 9 月，日本的中国驻屯军通过卑鄙的手段，非法侵占丰台后，在丰台附近地区开始频繁的挑衅性军事演习。他们明火执仗地以中国军驻地为目标，指挥部队演练攻击。有时，日军演习的散兵竟冲入中国军队防守的步哨警戒线内百余米。有时，日军的演习部队，竟无理要求通过中国军队驻守的宛平城和卢沟桥，企图以武力威胁，逼退中国守军。日军演习的次数由每月或半月一次，增加到每 3—5 日一次；演习的时间由白天演习，增加到昼夜演习；演习用弹，由空包弹射击演习增

---

① ［日］小林垄夫等：《现代史资料 9·日中战争 2》，东京美铃书房 1978 年版，第 370 页。

▲在宛平挑衅的日军

加到实弹射击演习。与此同时，在华北各地的日军，均在现地进行军事演习。驻塘沽日军 30 余人，乘小船在海河进行军事演习，竟悍然在中国驻军第二十九军防守的东大沽阵地登陆，并且不听劝阻，开枪射击，酿成"大沽冲突事件"。在北平市内的日本驻军更野蛮地擅自在东单牌楼和长安街邻近东交民巷使馆区一带演习巷战。日军在民房顶上以沙袋筑垒，架设机枪，坦克由街道隆隆而过，俨然成了城市的"占领者"。1936年 10 月 26 日至 11 月 4 日，中国驻屯军在北平西南郊举行秋季大演习，这是以夺取北平外围卢沟桥、宛平城等要点，最后攻占北平为目标的一次预演。步兵、骑兵、炮兵、坦克协同配合，进行综合演练。1937 年 5 月，日本陆军参谋副总长今井清中将，率领参谋部及有关方面的幕僚，赴中国东北进行参谋旅行演习。这次演习，实际上是上年陆军高级指挥官图上军事演习的延伸和具体化，是司令部指挥机关和参谋业务的演习，用以提高指挥机构适应全面侵华战争的效能。在 1937 年上半年，日本的中国驻屯军的军事演习，更是进入紧张的阶段，连、营级的战术演习，不分昼夜连续进行，实弹射击经常不断，已进入全面战争升级的待命阶段。在日本防卫厅防卫研究所战史室编写的《中国事变陆军作战》中就提到："我们部队的以下行动可能刺激了他们的神经，兹举数例如下：（一）驻丰台部队的中期（5 月至 6 月为连及营教练演习期间，特别是连教练的完成期为 5、6 月）的连教练，不分昼夜地进行。（二）（驻屯）军司令部随时对驻丰台部队进行检阅。5 月下旬，军队大部幕僚齐集于一文字山（即大枣园山），检阅该部队。（三）团长去丰台部队按教育计划检阅了连教练，以后辅助官又经常去该地一带检查。（四）旅长、团长去该地附近视察了演习情况。（五）本年 6 月至 7 月上旬，步兵学校教官千田上校为普及新步兵操典草案，曾在卢沟桥城北面实施演习。北平及丰台部队的干部多数参加。"① 中国驻屯军不分昼夜地紧张演练，旅、团各级指挥官反复督促检阅，力求完成预定的扩大侵华的准备，以便东京一声令下，能立即挑起事端，进而按照规定的侵略计划，发动全面战争。

---

① ［日］防卫厅防卫研究所战史室编：《中国事变陆军作战》（1），朝云新闻社 1983 年增印，第 144 页。

枕戈待旦——金振中积极备战

七七卢沟桥抗战爆发前夕，平津地区的军事态势是：北面，有部署于热河和察东的日本关东军一部，其前锋已伸入长城沿线的山海关、喜峰口、古北口和独石口等关隘的两侧地区。西北面，有关东军控制的伪蒙军八个师约4万人，分布于张北、尚义、宝昌等地。平津之间，有伪"冀东防共自治政府"及其所统辖的约1.7万人的伪保安队五个总队，部署于通县、顺义、怀柔一带。在东起山海关西至丰台的北宁铁路沿线，驻有日本中国驻屯军，辖一个步兵旅团和一个炮兵联队及直属分队，共5700多人。其部署是：军司令部率步兵第2联队及第1联队2大队、炮兵联队及直属分队驻天津及其附近，其中第2联队第3大队分驻唐山、滦县、山海关等地；步兵旅团旅团部率第1联队（欠第2大队）驻北平，其中第1联队第3大队驻丰台镇。

当时驻在平津地区的中国军队是第二十九军。该军共辖4个步兵师（每师四个旅）、一个骑兵师、一个骑兵旅、一个特务旅和一个保安队，总兵力约10万人。军长宋哲元，副军长秦德纯、佟麟阁。全军的部署是：第143师刘汝明部辖保安第1、第2旅，独立第29、第40旅，以及独立骑兵第13旅，驻张家口和宣化等地区；第37师冯治安部辖第109、第110、第

111 旅和独立第 25 旅驻北平西苑一带；骑兵第 9 师郑大章部和军部特务旅、独立第 39 旅和冀北保安队，分驻于南苑、北苑和黄寺；第 38 师张自忠部辖第 112、第 113、第 114 旅和独立第 26 旅，驻天津及北宁铁路平津沿线；第 132 师赵登禹部辖第 1、第 2 旅和独立第 27、第 28 旅，作为二线部队分驻于河北任丘、河间一带。

面对日军的挑衅，中国第二十九军加强了抗战的准备。中共北平地下组织和进步人士到第二十九军宣传抗日，激发了广大官兵的爱国热情。宋哲元军长曾于 5 月召集部下商讨抗日对策，采纳了副参谋长张克侠提出的加强抗日思想教育和情报工作等项建议，以及"以攻为守"的作战方案。该军还于 5、6 月间组织了多次防御演习。与此同时，加强了卢沟桥地区的防御部署：抽调第 37 师第 110 旅（旅长何基沣）219 团（团长吉星文）接防宛平与长辛店地区。该团接防后，即以加强的 3 营（步兵连四，轻迫击炮、重迫击炮、重机枪连各一，共1400 人，营长金振中）部署于宛平城和卢沟桥一带；以 1、2 营和团部集结于长辛店地区。

6 月初开始，第二十九军加强了对北平市区、郊区的巡逻和城门的守卫，在卢沟桥一带既设阵地也增加了兵力，并对沙岗实行夜间警戒。自 6 月 26 日起，第二十九军对北平实行夜间特别警戒，由第 37 师师长冯治安负责指挥。

卢沟桥和宛平城是第二十九军特别重视的守备地区，驻守在这里的是第 37 师 110 旅 219 团 3 营。该营从 1936 年春天起就一直驻防此地，营长为金振中。金振中在接防卢沟桥之前，曾请示师长冯治安说："对当前日军在宛平和卢沟桥不分昼夜的挑衅，以及进一步硬占桥和城一事，我们如何应付？"冯治安师长回答说："我们既要本着南京政府的指示办事，又要保

▲第二十九军加强练兵

全现时本军处境。平津是我国著名的大城市，也是我国政治、经济、文化的中心，国内外人士深为关注。若稍有处置不当，即会遭到全国同胞的唾弃，甚至使我军无法生存。但从好的方面说，平津地区不但能满足我军的开支，而且还可壮大实力，舍此再难得此机会。因此，与日军争端，越往后推迟越好，望你好自为之。"金振中表示接防后，"当本着师长的训示，以不惹事、不怕事的原则维持目前局势。但若日军硬攻时，必抱定与城、桥共存亡的决心，以维护本军名誉和报答全国同胞"。①

金振中营为加强营，有四个步兵连，并配属重机枪一连及轻重迫击炮各一连，计 1400 余人。金振中将战斗力较强的第 11 连部署于铁路桥东面一带。把第 12 连配置在宛平城西南角河岔一带。第 9 连驻扎在宛平县城内。第 10 连作为营预备队，驻石桥以西的大王庙内。重迫击炮连安排在铁路桥西头，负责歼灭日军的战车和密集队伍。迫击炮连则部署于城东门内，以

---

① 金振中：《回忆抗战经过》（未刊稿），原件存卢沟桥文物保管所。

支援邻近各队。重机枪连分守城内东南、东北两城角，以便支援前方的队伍。① 针对日军的嚣张气焰，金振中营长经常对士兵进行爱国教育，要求全营官兵在吃饭前、睡觉前都要高呼"宁为战死鬼，不作亡国奴"的口号，以激励官兵守土抗战的斗志。

---

① 金振中：《宁为战死鬼，不作亡国奴》，载中国人民政治协商会议全国委员会文史资料研究委员会《七七事变》编审组编：《七七事变》，中国文史出版社 1986 年版，第 57 页。

子夜枪声——日军陡然启战端

◎ 日兵夜闯东城门

1937 年 7 月 6 日，大雨滂沱。日军驻丰台部队不顾道路泥泞，又一次在铁路桥东北龙王庙前的演习场地上，以卢沟桥为目标，进行攻击式演习。日军步兵手持武器演习冲锋，炮兵紧张地构筑工事，隆隆作响的战车也向卢沟桥开来。同一天，日军还到宛平城东门外，无理要求通过宛平县城，到长辛店地区演习，遭到中国驻军严词拒绝。日军很恼火，赖在城外不肯退去，并进行紧张的军事部署。中日双方相持了十几个小时，气氛异常紧张。天色渐晚，日军无计可施，只好退回丰台。

二十九军也作了相应的准备。110 旅旅长何基沣要求 219 团密切"注意监视日军行动"，并命令全体官兵如日军挑衅，一定要坚决回击。驻守宛平城的 3 营官兵，连日来目睹日军的频繁演习，早已愤慨万分，接到何基沣旅长的命令，大为振奋，一致表示要誓死抵抗。金营长随即召开军事会议，要求各连按何基沣旅长的命令作好战斗准备，并规定日军进入我阵地百米内才准射击，不让敌人逃出我们的火网。爱国官兵严阵以待，时刻准备打击来犯之敌。

7 月 7 日上午，日军又来到卢沟桥以北地区演习。何基沣旅长即刻将情况报告正在保定的第 37 师师长冯治安，并催促他马上返回北平。冯治安火速返回北平，与何基沣商议后，作了应战准备。下午，驻守丰台的日军河边旅团第一联队第三大队第八中队，由队长清水节郎率领，从兵营出发开到卢沟桥西北龙王庙附近，声称要举行夜间演习，演习内容是"从龙王庙附近到东面的大瓦窑，向敌人的主要阵地前进，利用夜幕接近敌人，然后黎明时进行突击"①。

龙王庙在宛平城西北，大瓦窑在宛平城东北，三地之间各只有千米之遥，而且龙王庙内有中国士兵驻守。日军在此进行夜间演习，显然是有企图的挑衅行为。

日军第八中队在城外迟迟不撤，并加紧构筑工事。这些迹象引起驻军和宛平城内县政府工作人员的注意，为防备万一，宛平警察局在天黑以前把东门关闭，不许出入。

7 时 30 分，暮色降临，清水节郎下令部队开始夜间演习。日军部分军官和假想敌旋即到东面活动。待天完全黑下来以后，近 600 人的部队便向假想敌移动。夜色中宛平城若隐若现，城内城外，剑拔弩张，大有一触即发之势。

10 时 40 分，城东北日军演习处响起一阵枪声。在寂静的夜幕下，枪声是那么刺耳，引起宛平守军的密切注意。

少顷，几名日军来到宛平城下，声称丢失一名士兵，要求进城搜查。中国守城官兵拒绝说：我方部队正在睡眠，枪声响自城外，非我军所发，日军在演习场丢失士兵与我方无关。我们执行上级命令，不能打开城门！日军立即包围宛平县城，开枪示威。同时，清水节郎派岩谷曹长去丰台向大队长一木清直

① 华北驻屯军第一联队：《卢沟桥附近战斗详报》，载《现代史料 12·日中战争 4》，东京美铃书房 1978 年版，第 341 页。

报告，并要求派兵支援。

日军第三大队长一木清直得到清水节郎的报告后，立即集合大队主力准备增援，并打电话向在北平东交民巷的华北驻屯军联队长牟田口廉也大佐（此时，旅团长河边正三不在北平）报告情况。牟田口在电话中命令一木带领三大队前往现地指挥战斗。与此同时，日本驻北平特务机关长松井久太郎开始向冀察当局提出交涉。

◎ 嫁祸于人挑事端

松井太久郎，福冈县人，陆军学校二十二期生。早年曾在海参崴及西伯利亚各地秘密活动，后任关东军参谋。1937年3月，北平特务机关长松室孝良调回国内，松井便受命接任了这个职务。到任后，松井又被冀察当局聘为顾问。从此，他频繁地奔走于北平、天津、通州间，在对华交涉的名义下进行分离华北的种种阴谋活动。7日夜间的所谓"失踪事件"发生后，松井又登场了。夜12时，他给冀察政委会外交委员会打电话，声称："有日本陆军一中队在卢沟桥演习，仿佛听见由宛平县城内之军队发枪数响，致演习部队一时呈混乱现象，结果失落日兵一名，要求进入宛平县城搜索失兵。"① 第二十九军副军长兼北平市长秦德纯接到冀察外交委员会的情况报告，当即答复说："卢沟桥是中国领土，日本军队事前未得我方同意在该地演习，已违背国际公法，妨害我国主权，走失士兵我方不能负责，日方更不得进城检查，致起误会。"为了协商解决问题，

---

① 何基沣等：《七七事变纪实》，载《文史资料选辑》（第1辑），中华书局1964年版，第18页。

秦德纯答应"等天亮后，令该地军警代为寻觅，如查有日本士兵，即行送还"①。心怀鬼胎的日本侵略者对秦德纯的答复极不满意，不一会儿，松井太久郎再次给冀察外交委员会打电话进行威胁，声称，我方如不允许，彼方将以武力保卫前进。这又为我方所拒绝。秦德纯随即通知冯治安师长和吉星文团长，要求驻守宛平的部队，严密戒备，准备应战，并指示宛平县长王冷斋"迅即查明，以便处理"。

王冷斋回复"通知城内驻军营长金振中切实查询各守兵"。经查明，"我军并无开枪之事"，"也未发现有所谓失踪日兵的踪迹"。②

---

① 秦德纯：《七七卢沟桥事变经过》，载《七七事变》，中国文史出版社1986年版，第14页。

② 王冷斋：《卢沟桥事变始末》，载《七七事变》，中国文史出版社1986年版，第20—21页。

边打边谈——侵略者花招尽现

◎ 王冷斋入城谈判

7月8日凌晨2时，日军第一联队长牟田口和松井商议确定"占领宛平县城东门，以有利于现地交涉"的方针后，派副联队长森田彻前往宛平城郊，加强那里的指挥力量，并派步兵一个中队和机枪一个小队与冀察政务委员会派出的调停人员一起，进入宛平东门，驻丰台日军第三大队主力（五百余人，炮六门）集结在卢沟桥火车站西南方，做随时开战的准备。2时3分，清水节郎率领中队和由丰台赶来的第3大队队长一木清直率领的队伍会合，并按计划指挥部队占领沙岗。沙岗，日军称之为"一文字山"，是宛平城外唯一的制高点，站在沙岗顶可以清楚地望见县城东门。以前，国民党中央军第2师在驻防北平时曾花费20000元在沙岗修建很坚固的工事。第2师调防后，接防的部队未重视这个地方，而日军却很注意这个制高点，他们常来此地演习，了解地形。

冀察当局为防止事态扩大，派王冷斋到日本特务机关同松井商定，双方派代表前往宛平县城调查。中国方面委派冀察外交委员会主席魏宗翰、委员林耕宇，冀察绥靖公署交通处副处长周永业和王冷斋县长为代表。日方参加调查的人员是冀察绥靖公署日本顾问樱井、日军辅佐官寺平和秘书斋藤。中国代表于 8 日凌晨 3 时到达北平日本特务机关部，谈判即刻开始。中方代表王冷斋首先声明，枪声响于宛平城东北方，中方在此并无驻军，且查明城内守兵也并无开枪之事，所带子弹不少一枚，可见绝不是中方所发。所谓失落日兵一名，经搜寻也毫无踪影。松井诡辩说，城外搜寻不到失踪的演习士兵，必须进城搜索，方可明了究竟。王冷斋被激怒了，索性直言不讳地说："夜间宛平城门已闭，日兵在城外演习，怎么能在城内失踪？就是退一步说，果有失落之事，也绝和我方无关，或者效当年南京日领事藏平自行隐匿的故伎，企图作要挟的借口。"① 松井一听，矢口否认。

实际上，在此之前半个小时，松井已得到失踪士兵业已归队的报告，只是他不提此事。后见不好隐瞒，就无理要求调查士兵失踪原因。王冷斋一语击中要害："关于如何失踪的，只需询问那个士兵就可明了。"松井仍然蛮横地要求调查。最后，冀察当局忍辱退让，双方决定由王冷斋、林耕宇、周永业和樱井、寺平、斋藤一起前往现场调查。正准备出发时，王冷斋等人接到报告，驻丰台日军数百人，正全副武装开赴卢沟桥，事态益见严重。

代表们驱车赴卢沟桥，路过丰台时，日军联队长牟田口要求王冷斋、林耕宇到兵营面谈。双方一见面，牟田口劈头便问："王专员此去，是否有处理事件的权限呢？"

"刚才在你们特务机关部所商定的是先调查后处理，现在我所负的只是调查的使命，还谈不到处理。"王冷斋头脑十分

---

① 王冷斋：《卢沟桥事变始末》，载《七七事变》，中国文史出版社 1986 年版，第 21 页。

清醒，没有上当。

"现在事机紧迫，应即迅速处理。阁下为地方行政官，应负当地处理的全责，以免延误扩大。"牟田口劝诱说。

王冷斋坚持道："刚才确定，只负有调查使命，事态未经明了，尚谈不到处理。此事责任应由何方担负，此时亦不能臆断。""假使事态明了，还是在当地处理为好。日本方面现已决定，由森田副联队长全权处理，因事机紧迫，如来不及请示，阁下自有权宜处理之机。"牟田口继续纠缠。

王冷斋不惧威逼，仍坚持以先调查后谈处理为原则，对牟田口的要求一再予以拒绝。牟田口无计可施，半小时后只好作罢。

王冷斋、林耕宇走出丰台日军兵营，只见300多日军分乘八辆汽车向卢沟桥方向开去。等他们乘车抵达宛平城外约一公里的地方时，公路北边的沙岗和铁路涵洞一带已被日军占据。日兵多数伏卧作射击准备，枪炮排列，已摆好了攻城阵势。这时，寺平突然让王冷斋停下车，拿出一张地图，气势汹汹地说："事态已十分严重，现已不及等待调查谈判，只有请你速令城内守军向西门撤出，日军进至东门城内约数十米地带再商解决办法，以免冲突。"

王冷斋冷冷地回答说："此来只负调查使命，在你们机关部原已议定。适才牟田口要求负责处理，我已拒绝。你所提我军撤出，你军进城的无理要求，离题太远，更谈不到。"

寺平又说："平日日军演习都可穿城而过，何以今日不能进城？"王冷斋严厉驳斥说："向来日军演习，均在野外，我从未允许你们演习部队穿城而过。你所谓的先例在何月何日？请给我一个事实的证明。"

寺平语塞，张口结舌不能回答，就恼羞成怒地说："此项要求，系奉命办理，势在必行！请你见机而作，以免危险。"

这时，森田彻副联队长走过来，胁迫王冷斋、林耕宇下汽车，走到日军阵地前。森田手指日军枪炮威胁林耕宇说："要请王专员迅速决定，十分钟内，如无解决办法，严重事件立即爆发，枪炮无眼，你等同样危险。"

◎ 枪声再起——豺狼暴露出本性

日军的枪炮在夜色中闪着寒光。手无寸铁的王冷斋、林耕宇面对敌人的武力恫吓，将生死置之度外，仍然坚持调查原议，并斥责森田、寺平说："此处非谈判之所，应依后方决定原则，在城内从容相商。你们前后方不应如此矛盾，万一事态扩大，你们二人当负全责！"① 双方相持十几分钟后，森田、寺平见威吓不成，只好放行。

凌晨4时左右，王冷斋、林耕宇和寺平前往宛平城谈判。

当王冷斋等人离开丰台驰向宛平途中，牟田口在丰台则接到一木的报告："3时25分，在龙王庙方面听到三发枪声，根据这种情况，如果不攻击宛平城，以后的交涉就不能圆满进行，所以想果断进行攻击。"牟田口仅仅根据一木的报告，便判断这三发真假不明的枪声使日军"已到了不得已使用自卫权的地步"，于是他下令"立即反击"。一木听到命令，马上准备攻击宛平县城。这时，他遇见先王冷斋一步到宛平城去交涉的樱井。

他们互相交换了情况后商定，由樱井拖住城内的中国军

---

① 王冷斋：《卢沟桥事变始末》，载《七七事变》，中国文史出版社1986年版，第21—22页。《卢沟桥事变回忆录》，载魏宏运主编：《中国现代史资料选编》（4），黑龙江人民出版社1981年版，第6页。

队，不让他们参加战斗，① 一木则在城外指挥日军攻击宛平及其附近的中国守军。

中日双方代表进入宛平城，立即开始交涉。日方代表寺平仍然无理要求驻守宛平东门的中国军队撤退到西门，由日军占据东门后再继续调查、交涉。王冷斋等中方代表坚决予以拒绝。双方尚未达成协议，日军进攻的枪声响了起来，打断了谈判。

7月8日晨5时30分（据王冷斋回忆是4时50分）一木清直下令向宛平县城的中国守军进行攻击。一时间，罪恶的枪弹纷纷飞向宛平城，一场全面侵华的战争由此开始了。

当金振中营长得知日军大队人马从丰台向宛平开来时，曾抽调10连沈仲明排到铁路桥东头协助李毅岑排守卫，并命令："严加防范，如日军来犯，坚决予以回击！"

一木清直率领第三大队主力，排成四路纵队，气势汹汹地径直向龙王庙及铁路桥的中国守军扑去，扬言要在中国驻军阵地搜寻"失踪士兵"。中日双方首先在龙王庙附近遭遇。沈仲明排长站在桥头，拒绝日军的无理要求，早已作好战斗准备的日本侵略者，突然开枪射击，沈仲明排长不幸中弹，献出了年轻的生命。

沈排长的牺牲激怒了第二十九军的战士，他们在李毅岑排长的指挥下，为悍卫民族尊严和祖国领土，打响了保卫卢沟桥的战斗。两个排的战士，面对几百名日军毫不畏惧，六挺机关枪和六七十支步枪一齐射出仇恨的子弹。当敌人冲上阵地后，战士们又抢起大刀，冲入敌群，展开了激烈的肉搏战。15分钟后，终因敌众我寡，陷入重围，两个排的勇士几乎全部战死

---

① ［日］秦郁彦：《日中战争史》，东京原书房1979年版，第174—175页。

在桥头阵地上。日本侵略者占领了龙王庙和铁路桥东头，也在东河堤上丢下了上百具尸体。

与此同时，日军另一部分兵力向宛平县城东门发起了进攻，并用大炮轰击城墙。炮弹呼啸着飞过城墙，炸毁了营指挥部。

▲日军炮轰宛平县城

卢沟桥战斗打响后，秦德纯、冯治安、张自忠等召开了紧急会议，并发表声明指出："彼方要求须我军撤出卢沟桥城外，方免事态扩大，但我方以国家领土主权所关，未便轻易放弃，倘彼一再压迫，为正当防卫计，当不得不与竭力周旋。"[1] 同时，第二十九军军部发出命令："卢沟桥即为尔等之坟墓，应与桥共存亡，不得后退。"[2] 英勇的第二十九军官兵，冒着敌人的炮火奋起还击，战斗进行得十分激烈。"这次士气的旺盛，

---

[1] 中华民国外交问题研究会编：《中日外交史料丛编》(4)，台北1965年版第194—195页。

[2] 何基沣等：《七七事变纪实》，载《文史资料选辑》第1辑，中国文史出版社1986年版，第19页。

较前喜峰口作战时尤甚。因为士兵们含垢忍辱已非一天，这一日郁积在胸中的怒气，无缘发泄，所以大家听见打日本，个个都纵身跳起来。士兵们看了阵亡的同伴，一点也不悲伤，只是咬紧牙关，急步向前，带伤的就是命令他后退，也不掉转头来。"① 吉星文团长曾这样评价自己的战士，夸耀他们在战斗中英勇无畏的精神。

还在当天 3 时 30 分，第二十九军司令部得知日军主力向卢沟桥方向前进时，秦德纯就指示宛平守军："保卫领土是军人天职，对外战争是我军人的荣誉，务即晓谕全团官兵，牺牲奋斗，坚守阵地，即以宛平城与卢沟桥为吾军坟墓，一尺一寸国土，不可轻易让人。"② 旅长何基沣也下达了三条命令：（一）不同意日军进城；（二）日军武力侵犯则坚决回击；（三）我军守土有责，绝不退让，放弃阵地，军法从事。③ 宛平全城军民听到坚决抗敌的命令非常振奋。面对敌人的进攻，战士们沉着应战，待日军接近我最有效射程内，以"快放""齐放"猛烈射击，日军伤亡惨重，一次又一次地败下阵去。军民齐心协力用麻袋泥土把城东门堵紧，城西门也只留一条供人出入的缝隙，决心拼死保卫宛平城。在山东乐陵原籍休假的宋哲元，听到事变消息后，致电第二十九军将领，令他们"扑灭当前之敌"④。第二十九军抗日复仇的火焰升腾着，照亮了华北平原。

日军进攻的枪炮一响，正在宛平城同日方进行交涉的王冷

---

① 1937 年 8 月 8 日《港报》。

② 秦德纯：《七七卢沟桥事变经过》，载《七七事变》，中国文史出版社 1986 年版，第 14 页。

③ 洪大中：《挥泪告别卢沟桥》，载《七七事变》，中国文史出版社 1986 年版，第 34 页。

④ 《庐山谈话会记录稿》，转引自李云汉：《宋哲元与七七抗战》，传记文学出版社 1973 年版，第 190 页。

▲中国第二十九军在卢沟桥抗击日军进攻

斋便严词质问樱井等日方人员，并声明日军首先开枪破坏大局，应负酿成事变的责任。樱井支支吾吾地说，开枪或出于误会，当努力于此事的调解，勿使扩大。宛平城的战斗打了约一个小时，日军未能前进一步。樱井见事态不妙，手持白旗登上了宛平城墙，屡次进攻不能得手的日军借机停止射击。大雨冲洗着战地硝烟，宛平城依然屹立在永定河畔。

七七事变——卢沟桥抗战爆发

　　未达目的的日本侵略者并不死心，继续准备发动新的攻势。8日清晨7时30分，华北驻屯军司令部对驻天津的各部队下达了准备出动的命令，并命令在秦皇岛检阅部队的河边正三旅团长马上返回北平，决心要把战争扩大化。9时，华北驻屯军军部命令牟田口："（一）我军要确保永定河东岸卢沟桥附近，谋求事件的解决；（二）步兵旅团长应解除永定河东岸卢沟桥附近中国军队的武装，以利于事件的解决。下列部队中午由天津出发经去通州公路到达通州时，受你指挥：步兵第一联队第二大队（欠步兵二个小队）、战车一中队，炮兵第二大队、工兵一个小队……"[①] 牟田口接到命令，即于9时25分命令副联队长森田："指挥一木大队，对卢沟桥中国军队提出，要求撤退到永定河西岸，如果需要，解除（中国军队）武器，占领卢沟桥。华北驻屯军（司令部）有这种意图，请迅速执行。"[②] 森田马上向中方提出交涉要求，林耕宇和寺平随即缒城而出与森田面谈。但是，日寇提出的无理要求，中国方面是

---

　　① 日本防卫厅防卫研究所战史室：《中国事变陆军作战史》（第1卷第2分册），中华书局1979年版，第134页。

　　② 华北驻屯军步兵第一联队：《卢沟桥附近战斗详报》，载《现代史资料12·日中战争4》，东京美铃书房1978年版，第345页。

不能接受的。森田在谈判桌上达不到目的，再度命令攻打宛平县城。坚贞的抗日官兵们严阵以待，敌人的枪声一起，马上用猛烈的射击回击，表示了"誓与城、桥共存亡"的坚强决心。

7月8日13时，牟田口到达沙岗前线，亲自指挥作战。15时50分，华北驻屯军步兵旅团长河边正三也赶到丰台督战。由于驻守宛平的第二十九军爱国将士坚决抵抗，日军几次进攻未果，河边便命令第三大队在龙王庙附近渡过永定河，占领西岸，待援军到达后，9日拂晓再攻宛平城。[1]

等待援军准备进攻的日本侵略者，为拖延时间，不断玩弄新花招。16时，牟田口派人绕道从宛平西门进城送信，请王冷斋或金振中出城谈判。王冷斋等人以守土有责，不便擅离职守为由，回绝了牟田口。一个小时后，牟田口又派人送函，向宛平政府发出通牒，提出无理蛮横的要求：（一）限于当天（指8日）下午8时前，中国军队撤退到西岸，日军亦撤至河东，逾时即实行以大炮攻城；（二）通知城内人民迁出；（三）城内日本顾问樱井、翻译斋藤等，请令其出城。日军的通牒显然是胁迫中国军队放弃宛平，企图不战而夺取宛平。王冷斋阅信之后答复牟田口也是三条：（一）本人非军事人员，对于撤兵一节，未便答复；（二）城内人民，自有处理办法，勿劳代为顾虑；（三）樱井等早已令其出城，惟彼等仍愿在城内谈商，努力于事件之解决。[2] 牟田口见威吓不成，便准备再次诉诸武力。

18时，宛平城内政府官员及谈判代表，离开宛平专员公

---

① 日本防卫厅防卫研究所战史室：《中国事变陆军作战史》（第1卷第1分册），中华书局1979年版，第134页。

② 王冷斋：《卢沟桥事变回忆录》，载魏宏运主编：《中国现代史资料选编》（4），黑龙江人民出版社1981年版，第7页。

署办公厅，到附近一所民房办公，以备不测。人们刚刚步出专员公署十几米，18时零5分，日军的炮弹呼啸而来，第一炮就打中了专署办公厅，日军的炮弹一颗接一颗，把专署炸得东倒西歪，瞬时成为一片废墟。日军的射击这般准确，使人们不禁想起专署成立时，一木清直徒步前来祝贺的情景。显然，以步测距、察看城内地势是一木的真正目的。这个徒步祝贺之谜从一个侧面证明，日本侵略者早在几个月前就阴谋夺取宛平城与卢沟桥。

▲被日军炮弹炸毁的宛平县政府

8日傍晚的这场战斗进行了三个小时，日军炸毁了宛平城的大批房屋，无辜百姓惨遭祸殃。曾以喜峰口杀敌而建立英名的第二十九军，抱定至死不退让一寸土地的决心，冒着敌人的炮火，在劣势装备的不利条件下，以大无畏的精神顽强抵抗，不少官兵受伤后仍坚持不下火线。日军欺我城内只有一个连的兵力，在炮火掩护下，用九辆坦克向我阵地一齐冲来，妄想一举突破第二十九军的防线，占领宛平城。斗志旺盛的第二十九军爱国官兵，不惧危险，迎着敌人的坦克冲锋，用手中的步枪、手榴弹等武器，硬是把敌人的九辆坦克全部打退。这时，何基沣旅长率西苑驻军已开到八宝山一带，正向大井村等地截断日军的后路。胆战心惊的日军感到形势不妙，便停止进攻，退缩下去。

几乎一天未停的大雨，入夜后转为纷霏细雨，青纱帐发出一片沙沙的声响。吉星文团突击队的青年战士，用绳梯爬出城，在青纱帐的掩护下，沿永定河两岸，向铁路桥靠近。夜12时，突击队员秘密接近铁路桥，出敌不意，两头夹击，冲上了敌人阵地。第二十九军的大刀从皮鞘中解脱，放出复仇的寒光，在敌阵中闪耀。战士们的喊杀声惊天动地，传出数里之遥。日军猝不及防，有的成了刀下鬼，有的东奔西窜，有的跪地求饶。昔日皇军的所谓威严，被战士们的大刀一扫而光。一位年仅19岁的大刀队队员，居然连砍日兵13人，生擒一人。战士们硬是用手中的大刀，将日军一个中队几乎全歼在铁路桥上。《大刀进行曲》正是作曲家麦新为第二十九军大刀勇士们所作的歌曲，唱出了痛杀日寇的酣畅淋漓！一位大刀队伤员回忆说："弟兄们将敌军打败后，还拼命地追杀过去，集合号也不能把他们集合回来。结果，还是官长亲自把他们叫回来的。因为我们有命令，只死守，不准进攻。但这情形好像猎犬追赶兔子一样，是一件无法抑止的行为。"金振中营长在战斗中腿部负了重伤，但他还硬要率领一连士兵，再去冲锋，为阵亡的弟兄们报仇，吉星文团长不知费了多少口舌，才把他拖了下来，送往后方医院治疗。中国共产党派代表到医院慰问他，并赠送"抗日先锋"银盾一枚。

9日凌晨,第二十九军收复了失地,完全恢复了永定河东岸的态势,减少了宛平城侧后的威胁。我军变被动为主动,军心为之大振。宛平军民兴高采烈,摩拳擦掌,准备给敌人以更大打击。第二十九军的官兵们率先作出了抗日救国的榜样,国人为之振奋、激动。一位署名流火的作者当天赋诗赞扬第二十九军,号召抗日:

> 怒吼吧,卢沟桥!
> 我们抗战的日子已经来到。
>
> 忍辱负重已非一日,
> 祈望和平亦非一朝,
> 可是我们得到的是,
> 卢沟桥头的无理取闹。
>
> 如今已有廿九军的崛起,
> 用铁血回答着敌人的横暴!
> 听啊:杀敌的喊声起了,
> 健儿们的鲜血正洒在北国的荒郊!
>
> 不要迟疑,不要退,
> 让我们大家持着枪和刀,
> 前进吧,热血的男儿啊,
> 把数十年来的仇恨一齐报。
>
> 卢沟桥,怒吼吧!

我们抗战的日子已经来到。

睡狮苏醒了!

(听卢沟桥抗战之第二日)①

卢沟桥的枪声激怒了第二十九军的官兵,激怒了北平的工人、农民、学生、商人,激怒了各党派、各阶层,激怒了全中国人民。中华民族如同愤怒的雄狮,站立起来,咆哮着,扑向侵略者,开始了一场长达八年之久的抗击日寇的人民战争。

---

① 流火:《怒吼吧,卢沟桥!》,载《卢沟桥血战纪录》,东北图存出版社 1937年版,第 26 页。

醒狮怒吼——中国人万众一心

战役爆发的第二天，中国共产党中央委员会立即通电全国疾呼：

日本帝国主义武力侵占平津与华北的危险，已经放在每一个中国人的面前。

全中国的同胞们！平津危急！华北危急！中华民族危急！只有全民族实行抗战，才是我们的出路！我们要求立刻给进攻的日军以坚决的反攻，并立刻准备应付新的大事变。

武装保卫平、津，保卫华北！不让日本帝国主义占领中国寸土！为保卫国土流最后一滴血！全中国同胞、政府与军队团结起来，筑成民族统一战线的坚固长城，抵抗日寇的侵掠！国共两党亲密合作抵抗日寇的新进攻！驱逐日寇出中国！①

同一天，毛泽东、朱德、彭德怀、贺龙、林彪、刘伯承、徐向前为日军进攻华北致电蒋介石，要求"本三中全会御侮抗战之旨，实行全国总动员，保卫平津，保卫华北，收复失地。红军将士，咸愿在委员长领导之下，为国效命，与敌周旋，以达保土卫国之目的"。同时，红军将领还致电宋哲元、秦德纯，

---

① 魏宏运主编：《中国现代史资料选编》（4），黑龙江人民出版社 1981 年版，第 1 页。

兵"处国防最前线，不畏强暴，奋勇抵抗，忠勇壮烈"，并表示"誓为贵军后盾"。

同时，中共北平地下组织立即领导组织起北平各界抗敌后援会，发动群众团体开展各项救亡工作，援助第二十九军抗战。并派人与吉星文团取得联系，鼓励他们英勇抗战。8日下午，北平救亡团体——中华民族解放先锋队、华北各界救国联合会、北平各界救国联合会、北平市学生联合会派代表四人，冒着生命危险来到前线慰劳抗日勇士，并且带了大旗和花圈。代表们到达宛平时，城门已关闭。第二十九军的官兵听说民众团体冒着炮火前来慰问，十分感动。当战士们把大旗、慰劳品用绳子吊上城墙时，从敌人阵营里射出一串枪弹，打在城墙上。吉星文团的官兵们关切地说："现在谈判决裂了，诸位快走吧，不然要遭到危险的！"城上城下，军民挥手告别，抗击日寇的心却紧紧联结在一起了。

▲卢沟桥抗战爆发后青年学生在街头宣传抗日救国

　　7月9日清晨7时，北平市学生救国联合会冒雨慰劳守卫北平各城门的第二十九军官兵。在各校抗敌后援会领导下，同学们积极参加情报、战地服务、募捐、慰劳等工作。第一批战地服务团随即出发上前线，未出发的六七百人，都已准备妥当，日夜等待出发的命令。战地服务团的工作分三类：通讯组负责收发电讯、打旗语、写信；交通组负责送信、开汽车、传达命令；救护组负责救护伤兵和前线民众。

　　一天，北平各大学学生40余人组成的战地服务团来到长辛店。由于北平当局早已指示不准学生参加战地活动，因此，长辛店驻军只安排学生们与部队官兵在阵地前见面，以酬学生们的热望。官兵们一致赞扬学生们不畏牺牲参加战地服务的爱国心，并表示了自己坚决抗战的决心。一位学生跑上讲台大声说道："我们知道你们第二十九军是冯玉祥将军旧属，是爱国的，过去在长城喜峰口抗击过日军。愿你们以那次抗战为榜样，发扬赵登禹将军带大刀队夜袭敌阵夺回大炮的无畏精神，

▲长辛店扶轮小学学生到卢沟桥前线慰问第二十九军将士

坚决抗战。我们拥护第二十九军抗战，我们做你们的后盾。"学生们的话深深感动了第二十九军官兵，他们和学生们一起高呼："誓死保卫卢沟桥！""打倒日本帝国主义！"

学生们积极参加各项救亡工作。学联得知前线需要麻袋，马上发起捐集万条麻袋运动，很短时间内就超额完成了任务。捐募的大小麻袋、面袋堆积如山。还有许多爱国学生毅然投笔从戎，加入抗日武装队伍，用鲜血和生命保卫祖国。

北平人民对第二十九军爱国官兵的支援，起了很大作用。在卢沟桥事变以前，长辛店铁路工人在中国共产党的号召和领导下，运送大批枕木、铁板和铁轨，帮助宛平驻军修筑了坚固的阵地。战争爆发的第二天，长辛店工人又赶来援助。日军的炮弹密密麻麻落在宛平城，但第二十九军仍能坚守阵地继续抵抗，回击侵略者，这是和长辛店工人的援助分不开的。①

北平郊区的农民们也勇敢地挑起了支前的重担，他们为前线输送了无以数计的粮食、饲料、燃料和民工。特别是长辛店一带的农民，包括妇女和孩童，帮助军队筑路、送情报、抬伤员、运物资、送食品，日夜不停地工作，异常艰苦。他们对第二十九军的官兵说，这是国家大事，不比往常，你们要用毛驴，尽管招呼，就是我们回家以后，什么时候要，什么时候准来！他们希望早日赶走日本侵略者，好安心过日子。②

北平的磨刀匠来到前线，无偿为第二十九军磨刀，盼望弟兄们多多砍杀敌寇。城内的黄包车夫也不要任何报酬，争抢着拉运伤员入城救治，很多车夫因此惨遭日军杀害在城外。伤员运到北平，市民们争先前去慰问。战士们看到北平人民像关心

① 何基沣：《回忆二十年前的今天》，载《人民日报》1957 年 7 月 7 日。
② 《卢沟桥畔》，载《大公报》1937 年 7 月 24 日。

儿子一样关心他们，都激动得热泪盈眶，抗敌意志更加坚强。北平人民不断踊跃募捐筹款，为前线战士制作万条慰问袋。袋内装有毛巾、牙刷、牙粉、铅笔、日记本、鞋袜等物。有的慰问袋还印上了"诸位弟兄，尽忠保国，北平市民，誓为后盾"的字样，以表示和第二十九军共同抗敌的决心。

红十字会等 26 个团体，组织起庞大的战地救护队，到前线为战士们服务。妇女们开设了救护班，训练到前线参加救护工作的妇女。银行界也筹集了大量的慰劳品，送到前线。

各国华侨迅速组织起"华侨抗敌后援会""救灾总会""华侨筹饷会"等团体，捐款、汇款，捐输财力，征集药品、衣物，发行、购买救国公债，或亲自回国，支援祖国抗战。在美国，七七抗战的当天晚上，纽约所有的华侨社团，联合召开了紧急会议，建立了统一的华侨组织——"纽约华侨救济总委员会"，负责"对整个华侨社会进行总动员，监督和协调一切爱国活动，特别是筹赈和宣传活动"。

七七抗战爆发后，冀察军政当局每天都收到大批全国各地发来的声援抗战的电报和信件。许多社会团体和个人，陆续汇出一笔笔款项，支援抗战，慰劳第二十九军官兵。南京下关一位卖菜小贩，得知强敌侵境，至为愤激，马上将自己五年内辛辛苦苦积蓄的 300 元全数送到中央财委会，捐作御侮守土抗战将士的费用，以尽其国民之职责。

7 月 13 日，延安全市共产党员和革命机关工作人员召开了紧急会议。毛泽东同志在会上号召："每一个共产党员与抗日的革命者，应该沉着地完成一切必须准备，随时出动到抗日前线。"① 第二天，中共中央向南京政府表示：愿在蒋指挥下，

---

① 《解放周刊》第 1 卷第 11 期。

努力抗战，红军主力准备随时出动抗日，已令各军十天内准备完毕，待令出动，同意担任平绥线国防。中共中央军委主席团也于同时发布命令指出，日本大举向华北出兵，国家危急，第二十九军已在抗战，国民政府正在调派援军，全国救亡运动正在奋起。我抗日红军，有开赴前线增援友军，并配合为消灭野蛮日军的任务。令到后，即以军为单位，改编为国民革命军编制。同时要增加抗日政治课程，加强军事训练。7月15日，朱德总司令发表《实行对日抗战》一文指出，只有抗战是我们唯一的出路，这是每个中国同胞应有的决心，最后胜利一定是我们中国的。

在寇深祸亟的关键时刻，在民众激昂的抗日声中，不仅中国共产党人全心全意投入抗战，国民党爱国将领，包括地方实力派将领也纷纷发表通电、讲话，主张坚决抗战。其中以桂系将领尤为激烈。7月15日，李宗仁致电蒋介石及各方长官，呼吁"为应付目前重大事变，应即实行全国总动员"①。20日，李宗仁、白崇禧、黄季陆联名发表通电，再次呼吁抗日。李宗仁等的通电得到各地将领的纷纷响应，广东的余汉谋表示："枕戈待旦，愿效前驱，彼虏虽强，我能持久抵抗，最后胜利，终将在此，而不在彼也。"② 云南的龙云也复电说："方令紧迫之际，凡属袍泽，同声愤慨，自无不乐为前驱也。"③ 此外，不少国民党将领，如阎锡山、商震、陈仪、陈诚、汤恩伯、冯

① 四川大学历史系、成都市社会科学研究所编：《世界反法西斯战争中国战场史长编》（上），四川大学出版社1985年版，第237页。

② 四川大学历史系、成都市社会科学研究所编：《世界反法西斯战争中国战场史长编》（上），四川大学出版社1985年版，第236页。

③ 四川大学历史系、成都市社会科学研究所编：《世界反法西斯战争中国战场史长编》（上），四川大学出版社1985年版，第237页。

占海、宋希濂等也发出通电，声援第二十九军抗战，要求开赴前线，参加抗击日寇的战斗。四川的刘湘也激昂地表示，川军"愿在政府领导下，作不顾一切的为民族求生存战"①。随后，刘湘、潘文华开始整编川军，准备应召出战。

卢沟桥事变和第二十九军奋起抗战的消息传到浙江奉化雪窦山，被蒋介石软禁在这里的张学良将军心情十分激动。这天，他一改在房内用膳的习惯，特地与赵一荻小姐到餐厅同工作人员一起进餐。席间，张学良站起来慷慨激昂地说："我唯一的希望就是抗日，这一天终于被我等到了！以后我即便死在这里，也心甘情愿了。"大家听了无不为之动容。

冯玉祥将军是第二十九军的老长官，得悉七七抗战的消息后，他立即致电第二十九军，鼓励他们说："诸君乃革命军人，抗敌守土之责，绝不容丝毫退让，以灭敌后，即保千万年之光荣历史也。余深信第二十九军及华北民众正准备为捍卫国家而继作更勇敢之奋斗、更伟大之牺牲也。"②傅作义将军也撰文，以绥远抗战的红格尔图战役说明，"吾人的鲜血，可以胜过敌人的飞机大炮，吾人大无畏的精神，可以战胜敌人的物质"。在强敌入侵，民族危亡的关键时刻，爱国的国民党将领率部积极备战，在抗日的正面战场上，与日本侵略者顽强战斗，取得了不少战果。

卢沟桥事变发生后，文化界人士也和全国人民一同开展了抗日救亡运动。7月9日，上海文化界人士洪深、胡愈之、周寒梅、周剑云、郑振铎等140余人举行会议，决议成立救国团体，投身救亡事业。在西北，作家丁玲、吴奚如和外国友人史

---

① 《国防联席会议记录》，1937 年 8 月。
② 《卢沟桥血战纪录》，东北图存出版社 1937 年版，第 115 页。

沫特莱等组织"西北战地服务团",随军赴前线工作。7月15日,延安各界举行欢送晚会,毛泽东在会上指出:战地服务团是件大工作。你们要用你们的笔,用你们的口,与日本打仗。军队用枪与日本打仗。我们要从文的方面、武的方面夹攻日本帝国主义。战地服务团团长丁玲在会上表示:我们战地服务团的组织虽小,但是它好像小河流一样,慢慢地流入大河,聚汇着若干河的水,变成一个洪流,把日寇完全覆灭在我们的洪水中。

▲西北战地服务团合影

全国人民的支援,大大鼓舞了守卫卢沟桥的第二十九军官兵。他们在7月13日给上海各团体的复电中表示:"本军受国家人民付托之重,保卫祖国,义不容辞,向重合法合理之精神,素以不屈不挠为职志,故人不侮我,我不侮人","卢沟桥事变发生,为正当防卫计,自不能不予以坚强之抵御,日军之宗旨在战斗，凡我官兵，慷慨赴义，分所当然。"第二十九军的战士们和华北民众面对侵略者，以全国人民为后盾，组成了一道铁的长城，用生命和鲜血守卫着祖国的疆土。

缓兵之计——日本国调兵遣将

9日晨曦中，只见铁路桥上下，日军尸横如垒，第二十九军的弟兄们身背雪亮的大刀守卫着铁路桥和龙王庙。收复失地的胜利振奋着每一个战士，他们准备直捣丰台日本军营，然后一鼓作气歼灭平津地区的日军，使全国人心大快。但是，战士们万万没有料到，就在9日凌晨3时，也就是他们刚刚收复失地之后，冀察当局为防止事态扩大，竟同意与日方谈判交涉，放弃了继续进攻的有利时机。

中国军队收复铁路桥和龙王庙，全歼日军一个中队后，日军畏我全线出击，假惺惺提议谈判解决，诡称"失踪日兵业已归队，一场误会希望和平解决"。中国方面随即表示同意，派北平市长秦德纯、冀察政委会委员张允荣为谈判代表。日方的谈判代表是松井太久郎、和知鹰二、今井武夫和寺平忠辅。谈判在北平进行。这时，华北驻屯军参谋长桥本群和天津市长张自忠也在天津交涉谈判。9日晨4时，在北平谈判的中日双方代表达成了三条口头协议：（一）双方立即停止射击；（二）日军撤退到丰台，中国军队撤向卢沟桥以西；（三）城内防务除宛平原有保安队外，并由冀北保安队（即石友三部）派来一部协同担任城防，人数限300人，定于本日上午 9 时到达接防，并由双方派员监督撤兵。① 停战协议以口头协议形式出现，是因为日方不愿在书面协议上签字。仅此一点，就可以看出日方是在玩弄阴谋诡计，根本不打算履行协议！

在第二十九军收复失地，取得龙王庙战斗大胜之时，冀察当局为什么愿意与日方谈判，刘汝明在回忆录中这样写道："这时中央的指示是要'应战不求战'，我们开会的结果，是先设法拖延时间，把分散的兵力集结，各据点决不放弃。所以便叫石友三的冀北保安队接替宛平防务，抽出第 37 师来集中兵力。第 132 师急自河北各地向北平以南集中待命，第 38 师的刘振三旅和骑兵师的张德顺旅，固守廊坊，并阻断平津交通，不叫日人继续增兵。"协议成立后，冀察政府本着"应战不求战"的指示精神，着手按协议行动。秦德纯当即命令王冷斋和吉星文团长作好交接准备。他解释说，这样解决是给日本人保留一点面子，找个台阶下，对我们也无损大局。部下提醒他，近日丰台车站不断有关东军到达，运输很是紧张，不像停战不打的样子。秦德纯竟天真地认为："日本军部的命令可能还没下达，我们先执行吧。"② 冀察当局单方面执行谈判条件的软弱态度，正好被日军利用，为其大规模的侵略作准备。对此，时人已有清醒认识，他们指出，我军为表和平诚意，将宛平城与卢沟桥交与石友三部，而日军并不撤退，"会不会在一方面诚意真撤兵，一方面武装假讲和的情形下，日军突如其来地大举将城、桥一举占领，这一点，恐怕谁都不敢保证狡诈的

① 王冷斋：《卢沟桥事变始末》，载《七七事变》，中国文史出版社 1986 年版，第 23 页。

② 洪大中：《挥泪告别卢沟桥》，载《七七事变》，中国文史出版社 1986 年版，第 37 页。

日方无此打算，谁也不敢说日军不再出此弃信背约的行动"。①
以后的事实证明，日军一再违反协议条款，根本没有诚意撤
兵。但是，冀察军政当局为保存自己的地盘和实力，委曲求
全，认不清日本侵略者的野心，很长一段时间里一直抱着和平
幻想不放。秦德纯事后才明白，"详察日方之要求停战，其目
的在向其国内作虚伪宣传，说日本如何受中国军队之迫害残
杀，作为调动大军侵略之口实，实为缓兵之计"②。

　　日军为什么在9日凌晨提出和平解决事端呢？侵略者今井
武夫在回忆录中是这样交代的："当时我军兵力，能够逐步调
往前线附近的，只有驻屯在北平附近的步兵约两个大队。天津
派来增援的炮兵部队，因为连日下雨，道路泥泞，被阻在通
州，无法前进。""与此相反，冀察军除了在卢沟桥附近永定
河左（东）岸合计约有一团兵力外，在北面有西苑驻军两个
旅占据着八宝山，其中一部分已进入到卢沟桥西北约3公里的
衙门口，在南面有第38师常驻在南苑。此外，平汉线方面已
从南方向长辛店增援兵力。战争形势对我军极为不利和紧迫。"
"也就是说，日本军部队指挥官可能早发觉，如果开到卢沟桥
的部队不寻找什么借口使之后撤，有被处于优势的中国军队包
围的危险。"③ 这便是日军提议谈判的目的所在。为达缓兵之
目的而议定的协议，侵略者怎么会真正履行呢？果然，日军
并不撤回丰台，而是集结在铁路桥以北的永定河东岸和沙岗
东侧。在协议达成后仅仅两个小时，即9日清晨6时，日军
旅团长河边正三就撕毁协议，下令炮轰宛平县城。一百余发

炮弹射向宛平城，直到 7 时 30 分才停下来。北平当局接到宛平的报告，责问日方为何背约炮轰宛平，日军竟然答复说，炮击是为了掩护撤兵。这是日军在停战协议成立后的第一次背约。

9 日上午，接防的保安队踪迹不明。北平方面派出联络参谋出西直门到卢沟桥方向侦察查明，清晨 4 时 50 分，保安队从驻地出发，行至大井村（位于北平与卢沟桥之间），受到日军阻击，死伤数人。日军故意刁难，重重阻挡，使中国保安队不能按照双方协议前往宛平接防。事后，日方却以天阴雨大，两军对峙，难免发生小误会为由，为自己开脱罪责。① 经北平方面反复交涉，日军才允许中国保安队派 50 人接防。这时已是下午 6 时左右了。在冀察政府的再次努力下，日军同意保安队进入宛平，但只准携带步枪，每人只许带子弹 30 颗，所携带机关枪则须送回北平。由于日军的刁难，傍晚 7 时以后到达宛平的保安队实际上不足 200 人，而且装备极差。尽管如此，中国方面还是按照协议将宛平守军全部撤出，退守永定河西岸。

与此相反，日军在刁难阻挡保安队的同时，不仅一兵未撤，反而增加兵力，将机械化部队——第二大队从通州调到了丰台。下午 3 时 40 分，河边下令第二大队到宛平东北角的沙岗接防，企图利用吉星文团和保安队换防的机会占领宛平城。这是日军第二次违反撤兵协议。

宛平由不足 200 人的保安队接防后，日军以为万事俱备，只待进城了。得意忘形的河边正三先是要求亲率幕僚"入城慰劳"，遭谢绝后，又派外交人员笠井顾问、广濑秘书和翻译爱

① 《从北平到宛平》，载《港报》1937 年 7 月 16 日。

泽等三人携带香槟酒前往宛平，故作庆贺和平之姿态。① 笠井等离开宛平，王冷斋就接到情报，知道日军二三百人仍留在沙岗一带未撤去。这支日军正是依照河边的命令占据沙岗的第二大队。王冷斋将此情况报告北平说，日军确实未如约撤退，而且有调整部署，向前推进的样子。秦德纯回答说：双方正在研究善后，果真他们背信毁约，明天正好在会上向日方提出质问。请加强城防守备。

此时，接防的保安队尚未及进晚餐。他们清晨从北平出发，根本没想到短短的 15 公里路程，会走上整整一天，因此没有准备行军烧饭。他们白天被日军阻挡在大井村，只好由北平保安队用汽车送去午餐。进入宛平城后，由于忙着接防、布防，直到 10 日凌晨 2 时才开始进餐。2 时 30 分，日军第三次背约，突然开枪攻城，保安队急忙丢下饭碗应战。

9 日傍晚，依照协议监视撤兵的委员开始返平，当日方人员中岛弟三郎中佐在城内匆匆欲行时，王冷斋对他说："你系监视撤兵委员，现在发觉日兵并未撤尽，你应负责。"中岛无法诿卸，只好答应留在城内，日军开始攻城后，王冷斋要求中岛与日军旅团司令部联系。日军见自己的监视撤兵委员仍在城内，只好诡称"实系双方哨兵因误会开枪，日军绝无攻城企图"，停止了射击。日本侵略者一计不成，又准备玩弄另一诡计。

---

① 王冷斋：《卢沟桥事变始末》，载《七七事变》，中国文史出版社 1986 年版，第 24 页。

误信诓言——家门口坐失良机

天亮以后，人们看见在沙岗下，日军仍旧搭着四五座帐篷，士兵们忙着架设电话线，沙岗上的日军正在架设炮位，炮口齐指宛平城。铁道旁、涵洞口都有日军在盘问行人。日军非但无撤兵的行动，反而加紧了作战准备。清晨，王冷斋和中岛同车赴北平参加谈判，路过铁路桥涵洞附近，看见日军士兵数人持枪作射击姿势，经过中岛解释才得以通过。

10日上午，秦德纯、冯治安、王冷斋、何基沣等应日本人的提议和日方代表樱井、中岛、笠井、斋藤一起召开联席会议。由于松井、今井等均未出席，日方出席会议的四个人中，没有一个人能代表日本军部，显然，日方企图搞无理纠缠，借此拖延时间。

会上，樱井公然提出："要求中方撤换有关军政指挥官，并向日方赔礼道歉。"何基沣一听，勃然大怒，指斥说："这次卢沟桥事件完全是日本有预谋、有计划的侵略行动，是日方集结军队向宛平首先开火，明明是侵略行为，应向我方赔礼道歉，并保证以后不再侵略，否则就消灭你们！"说罢，拔出小手枪，"啪"的一声放在桌上。

樱井等人吓了一跳，面面相觑，不敢答话。

冯治安看着日方代表，露出了得意的神情。

王冷斋接着声明:"我方已遵照停战条款实行撤兵,但日军在铁路桥涵洞、沙岗等部队尚未撤尽,而且昨天夜间又向宛平城袭击,日军此等行为显系破坏停战协定,应即迅速撤退方能保持和平,否则一切后果均当由日方负责。"

斋藤狡辩说:"日军未撤尽的缘故,是因为有阵亡日兵尸骸数具尚未觅得,留下这些少数部队以便搜索。"

"搜索尸骸无须这么多兵士,而且也不必携带机关枪。"王冷斋驳斥说。

"因恐受你方袭击,不得不多留部队以资警戒。"斋藤继续诡辩。

"如果真为搜索尸骸,我方可以协同办理。"王冷斋又提议,"双方各派委员若干人,组织徒手搜索队向战地各处搜索。"

日方代表理屈词穷,不得不表示赞成此议。于是双方开始商议徒手搜索的具体方案。忽然,日方代表樱井等四人,一齐离席到外面打电话,等了很久不见返回。中方代表到外面一查,才知道他们竟不辞而别,不知去向了!

这时,各方报告接踵而至:日军已由天津、通州、古北口、榆关等处,带着火炮、坦克等武器向卢沟桥开来。关外,尚有日军11列火车正向关内开来,其中两列已抵达天津。下午3时,大批日军占领小井村、大井村、五里店,割断电线,检查行人,截断了平卢公路交通。日本国内也正紧张地调兵遣将。这一切都预示着这一局部冲突,正在向全面战争演变。

这是9日停战协议达成后30个小时内,日军第四次破坏协议,违信背约。至此,日本侵略者的野心已暴露无遗,他们玩弄一连串的阴谋诡计,达到了缓兵的目的。而冀察政府一味相信和谈,结果使自己处于被动挨打的局面,最终一败而不可收拾。

何基沣旅长见日方代表踪迹俱无，又想起昨天晚上军部"只许抵抗，不许出击"的命令，愤愤地说："对付他们只有像夺铁路桥和龙王庙战斗那样，狠狠地揍他们，叫他们知道厉害才行。谈判必然是吃亏上当！"

何基沣的愤恨和不快是有缘故的。9 日，第二十九军官兵的抗日情绪非常高涨。110 旅旅长何基沣请示第 37 师师长冯治安，准备于 7 月 10 日夜间袭击丰台日军。经冯师长同意，决定乘敌人大部兵力尚未开到的时候，抓住战机，出其不意，全歼丰台日军。9 日、10 日两天，为加强卢沟桥一带的兵力，原驻保定的陈春荣旅一团、东北军第五十三军万福麟部的骑兵团及钢甲车两列已开到长辛店一带，使战斗力更加强大，全歼丰台日军一事是稳操胜券的。但是，9 日晚 7 时左右，张自忠打电话到前线指挥部，向何基沣询问战事情况后，不同意袭击日军，通过军部给何基沣下达了"只许抵抗，不许出击"的严令。从此，卢沟桥的战事完全陷于被动局面之中。

日军达到了缓兵目的，做好了大规模发动侵略战争的准备。冀察当局屡次受骗，仍在做着和平之梦，根本不做决战准备。日方参加谈判是"明修栈道，暗度陈仓"，他们准备好了，自然要进攻了。冀察方面则以和谈为目的，竟听信谎言，企图以此保持自己的地盘。尽管第二十九军将士浴血奋战，献出了鲜血和生命，但丰台人民却只能眼看着在中国的铁道上，中国列车载着日本侵略者，开到中国的卢沟桥附近去打我们中国人！这是多么可悲的啊！

卷土重来——战火燃至广安门

宋哲元为"和平"交涉努力之日，正是日本帝国主义积极备战之时。到 7 月中旬，日本陆军中央大多数人认为，对华作战的时机已经成熟，应该借口中国军队北上，把对华交涉政策改变为有限期交涉。尽管中国政府一再让步，侵略者依然决定"惩罚中国军队，铲除华北纠纷之根源"，而且"根据情况预计可能转向全面对华战争"①。他们估计，华北驻屯军在 7 月 19 日前后可以完成作战部署，于是把有限期定为 19 日。16 日，参谋本部和陆军省决定：

一、规定 7 月 19 日为履行期限，最低限度提出以下要求：（一）要宋哲元正式道歉。（二）处罚责任者包括罢免冯治安（第 37 师师长）。（三）撤退八宝山附近的部队。（四）在 7 月 11 日提出解决的条件上，改为宋哲元签字。

二、中国方面在上述期限内对我方要求事项不予履行时，我军即停止现地交涉，讨伐第二十九军。为此，下令动员在规定期限满了时需要的国内部队，并立即派往华北。

同时，南京政府要使"中央军恢复旧态势，中止对日挑衅

---

① 日本防卫厅防卫研究所战史室编：《中国事变陆军作战史》（第 1 卷第 1 分册），中华书局 1979 年版，第 177 页。

行动，并不得妨碍就地解决"①。

第二天上午 11 时，日本内阁五相会议审议了陆军处理事变的对策，通过了关于现地谈判限期的决定，同时决定动员侵华日军 40 万人。会后，由日本驻华武官和驻华使馆参事官分别向中国政府提出通告。日本政府作出这样的决定，向中国提出了更为苛刻的要求，严重破坏了秦松协定，实际上是向中国发出了最后通牒。这是日本法西斯即将采取重大行动的前奏。

但是，避战求和的国民党政府却于此刻以备忘录的形式向日方提出了和平倡议。国民党政府这种乞求和平的意向，更使宋哲元以为战端可除，和平可期。

19 日 11 时许，宋哲元回到北平。同日，他竟不顾日军屡次挑起事端的事实，采取了一系列措施以示和平诚意：

（一）下令撤除北平街头设置的沙袋、拒马等防御工事，打开关闭数日的北平城门。

（二）命令冯治安师与赵登禹师换防。

（三）搁置第二十九军高级将领们建议的一份备战计划。

（四）向城外增兵的军队开始部分撤退。

（五）电请北上赴援的孙连仲等部停止前进。

（六）将秦松协定报请南京政府核议。

（七）命令平汉铁路局试行通车……

就这样抱着求和的幻想，宋哲元又于 20 日上午，发表公开谈话，声称："本人向主和平，凡事以国家为前提。此次卢沟桥事件之发生，决非中日两大民族之所愿，盖可断言。甚望

① 日本防卫厅防卫研究所战史室编：《中国事变陆军作战史》（第 1 卷第 1 分册），中华书局 1979 年版，第 179—180 页。

中日两大民族彼此互让，彼此信任，彼此推诚，促进东亚之和平，造人类之福祉。哲元对于此事之处理，求合法合理之解决，请大家勿信谣言，勿受挑拨，国之大事，只有静候国家解决也。"这说明，宋哲元仍本以往的政策，既没有决心抵抗侵略者，又不肯完全对日妥协。在一次第二十九军高级将领会议上，存在着两种不同意见，一种意见主张以攻为守，一种意见主张以退为守，两种意见争论激烈，相持不下。宋哲元呆呆地站在会议桌前，不作一声。良久，才拿起红铅笔在地图上一划，说："既不以退为守，也不以攻为守，我们就以守为守吧！"① "以守为守"的消极方针确定下来，平津的备战被贻误了。

这时，日本对华交涉已完全成为扩大战争的烟幕，因此，不管中国方面如何让步，日本都是不会满意的。19日，奉命增援华北的日军第20师团近万人在师团长川岸文三郎的率领下，由规鲜龙山开抵天津，一部集结于唐山、山海关。20日，关东军独立混成第11旅团主力到达高丽营。至此，日军第一批增援兵力全部进入华北。华北驻屯军发表声明说，"从20日午夜以后，驻屯军将采取自由行动"，以此威胁宋哲元。日本外务省20日凌晨1时也发表声明，认为国民政府的备忘录所言"丝毫没有诚意"，"日本政府难以接受"，而且"目前事态恶化的原因，在于南京政府一面阻碍现地协定，一面不断调中央军北上"。与此同时，日军参谋本部"决定使用武力解决事变"得到了日本内阁的批准。

就在宋哲元发表公开谈话的当天下午3时，日军用猛烈的炮火轰击宛平城和长辛店，以此作为对宋哲元关于"中日两大

____

① 《北京青年》第49期，1950年6月27日。

民族彼此互让，彼此信任，彼此推诚"的答复。

宛平东门城楼是个制高点，在上面可以清楚地看见沙岗日军的活动。20日下午，日寇把无数炮弹集中射向城楼，宛平城几乎变成了瓦砾场，人民的生命财产再遭劫难。在炮火的掩护下，日军的步骑和坦克、铁甲战车还两度向宛平城猛冲，企图夺取宛平。守城官兵在吉星文团长带领下，冒着密集的炮火，顽强保卫城桥。吉星文身先士卒，头部三处负伤，稍事包扎，又投入激烈的战斗。在他的指挥下，终于打退了敌人的进攻。

▲遭到轰炸的宛平城东门

7月中旬以来，日军几乎天天有增兵运达平津，几乎天天在平津一带挑起战事，并对北平形成包围态势。18日，日军飞机三次轰炸中国列车，无辜百姓惨遭杀害。19日，日军劫持塘沽码头设备，天津市人心不安，纷纷到租界避难。20日，日军炮轰宛平、长辛店，天津日军强行检查邮电，6000名增援日军到达天津。21日，大批日军抵达丰台，日军飞机结队在北平上空侦察、示威。22日，日军飞机50架飞抵天津，机

械化部队也秘密输运到华北。据南京中央于 7 月 23 日获得的
情报，除关东军增援部队外，尚有日军八个师团计 16 万人正
在来华途中，天津日军以 40 辆载重汽车往丰台运送军火。25
日，日军集结于平津的总兵力已达 6 万以上，① 其第一支运输
船队在塘沽卸下 10 万吨军用品……②

日军的增援部队云集平津，不断制造事端，但是，他们自始
至终没有炮轰卢沟石桥和铁路桥。这绝不是疏忽，而是策划好的。
日军占领宛平，占领卢沟桥并非目的。他们的目标是沿着平汉线
一直打下去，直至占领华北。因此，他们不能没有卢沟桥，不能
毁掉卢沟桥。由此可见日本法西斯企图灭亡中国的用心。

侵华日军大举入境之时，冀察当局却在严格自律。对此，
华北驻屯军参谋长桥本群也认为，"第二十九军已全部听从我
方要求，现已转入实行阶段"。虽然"中央军一部分北上，但
进而对日军采取攻势的可能性不大"。因此，"在冀察方面确
实履行我方要求上，不符合我方意见的悬案也可以逐渐解决，
作为实现我方要求的推动，中国驻屯军的现有兵力也是足够
的。若以更多的兵力进入平津地区，反而会使事态发生纠
纷"③。日本当局一部分人也担心，以"中央军北上"为借口
出兵华北，是难以成立的。如果此时出兵，则是师出无名，会
使日本在国际上处于被动地位。21 日上午，日本天皇也担忧
地问陆相杉山："在现地，事件已解决。如果对方一切都实行
的话，怎么处理呀？"杉山回答说："如果是那样情况，派兵

① 1937 年 7 月 26 日天津《益世报》。
② 古屋奎二：《蒋总统秘录》（第 11 册），湖南人民出版社 1988 年版，第 28 页。
③ 日本防卫厅防卫研究所战史室：《中国事变陆军作战史》（第 1 卷第 1 分册），中华书局 1979 年版，第 190 页。

就没有必要了。"在这种局势下，日本参谋本部不得已在 22 日决定："在政府认为必须彻底解决华北问题之前，暂停动员。"①

参谋本部的这一决定，使日本军国主义分子中的"扩大派"坐卧不安。23 日，华北驻屯军参谋和知鹰二奉命回到日本，向陆相杉山提出："中国驻屯军自军司令至士兵，为贯彻不扩大方针极力忍耐着。在平津地区的中国军民中，充满着第二十九军胜利了的气氛。所以，我第一线的官兵吵嚷司令部软弱，杀气腾腾。南京中央军已经进入河北省，破坏了何梅协定。因此，不要再死抱着不扩大。现在已到了必须转换局面的时期。"和知的这番话很对杉山的胃口，杉山回答说："虽然要避免惹起全面战争那样的大事件，但根据事实与情况毅然给以反击也是必要的吧。"②

杉山与和知的这次谈话十分重要，它暗示日本陆军中央 7月 13 日制定的《处理华北事变方针》第二项是适用的，即"当中国方面无视现实解决条件而表示没有诚意实行时，或南京政府继续调动中央军北上企图发起攻势时，应采取果断的行动"③。日本陆军召和知回国，就是为了调整华北驻屯军司令部内不一致的问题。对强硬派先锋和知鹰二委以重任，然后整顿司令部幕僚队伍，使华北驻屯军成为日本帝国主义侵略华北、侵略中国的得力工具。

---

① 日本防卫厅防卫研究所战史室编：《中国事变陆军作战史》（第 1 卷第 1 分册），中华书局 1979 年版，第 191 页。

② 日本防卫厅防卫研究所战史室编：《中国事变陆军作战史》（第 1 卷第 1 分册），中华书局 1979 年版，第 192 页。

③ 日本防卫厅防卫研究所战史室编：《中国事变陆军作战史》（第 1 卷第 1 分册），中华书局 1979 年版，第 166 页。

此后，日本当局连表面上的"不扩大"方针也完全放弃了，它现在只是在耐心地等待和选择出兵的时机。一旦抓到借口，云集平津的日军，便会像饿狼一般，扑向富饶美丽的华北平原，屠杀勤劳忠厚的中国人民。

宋哲元突然停止谈判，又四处调兵遣将的举动，使日本侵略者大为不安，感到事情有了微妙变化。25日下午，松井太久郎和今井武夫特意前往拜见宋哲元，探听虚实。松井要求宋哲元数日内撤出北平城内驻军。宋哲元慢吞吞地回答说，尚未订出执行计划，撤兵大概要一个月之后。松井原以为，宋哲元对日寇提出的条件，只敢拖延一两天，没曾料到宋哲元态度突变，竟然一口回绝了日方的要求。松井忍住气，又追问道：为什么要这么长时间？宋哲元狡黠地说："现在天气太热，待稍微凉爽一些再办。"宋哲元的态度使侵略者"吓了一跳"[1]，他们明白宋哲元已转向抗日，原计划不大战而夺平津的打算，已不能实现。但日军并不慌张，他们此时已完成了战斗部署，可以大干了。

宋哲元转变态度，命令备战布防，使第二十九军官兵兴奋异常，消极被动的沉闷空气一扫而光。各部队积极备战，只待进攻的命令到达，冲入敌群，雪耻复仇。秦德纯很快制定了收复丰台的战斗计划，随即付诸实施。25日，在廊坊战斗爆发的同时，第二十九军何基沣旅附炮兵一个营，乘敌不备，向丰台发起了猛攻。战士们压抑在心头多日的愤恨，像火山一样爆发了。他们冒着枪林弹雨勇敢冲杀，整个上午，战斗进行得十分顺利。到中午，我军已收复丰台大部。只是丰台东南端一隅，有一部分日军，凭借坚固的工事作拼死挣扎。收复丰台的胜利消息传到北平，欣喜若狂的人们涌上街头，点燃鞭炮，以

① 今井武夫：《今井武夫回忆录》，上海译文出版社1978年版，第16—47页。

示庆贺。北平城欢声雷动，像过节一样热闹。

但是，收复丰台之战只是一次临时安排的局部反攻战，没有全局的策应计划，没有兄弟部队的增援，也没有阻击外围日军的计划安排。进攻丰台的部队经过十个小时的激战，疲惫不堪，加之伤亡甚众，战斗力锐减。又因得不到增援而没能一鼓作气攻下丰台东南的日军阵地。日军的增援部队从天津一路绿灯开到丰台，下午4时，他们和丰台负隅顽抗的日军相互配合，一齐发起反攻，不久，又占领了丰台。第二十九军功败垂成。

26日，宋哲元一面召见外交部特派员孙丹林，告以"战事恐不能免，外交大计仍应由中央主持"①，一面安排军事部署，他对143师师长兼察哈尔省政府主席刘汝明说："子亮（刘汝明字子亮），你赶快回去（指察省），照计划做，8月1日行动。"②

26日上午，华北驻屯军向参谋本部申请使用武力。参谋本部立即同意对第二十九军"坚决予以讨伐"③。下午，北平特务机关长松井太久郎代表香月清司来到东城铁狮子胡同求见宋哲元。宋哲元知道日方此行不善，派张维藩代见。松井呈递一份华北驻屯军向第二十九军发出的最后通牒，通牒蛮横要求我军将"驻卢沟桥及八宝山附近之第37师，促其于27日正午以前，退至长辛店，又将北平城内之第37师与西苑之该师部队，同时退往平汉路以北区域，至本月28日正午为止，须迁至永定河以西之地带，嗣后仍须将此项军队运往保定方向"。如果中国方面不按此办理，日军就要采取"独自之行动"，而

----

① 中华民国外交问题研究会编：《中日外交史料丛编》(4)，台北1965年版，第202页。

② 刘汝明：《刘汝明回忆录》，传记文学出版社1979年版，第186页。

③ 〔日〕《现代史资料9·日中战争2》，东京美铃书房1978年版，第19页。

且要中国军队负一切责任。

读了这份充满挑衅口气和火药味的通牒，宋哲元感到日军大举进攻已迫在眉睫，和平之门已最后关闭，除了奋起抵抗外，别无他途。他命令秦德纯马上退回通牒，拒绝日本侵略者的要求。秦德纯退回通牒，同时提出了口头抗议，限日军立刻退出北平城。双方辩论了三个小时之久，松井临走前恶狠狠地说："条件接受当做，不接受亦当如此做。"秦德纯大怒，说："吾人可在枪炮上见面！"松井见威胁不成，就把通牒往地上一扔，气势汹汹地走了。

26 日，华北驻屯军第二联队第二大队 500 余名日军，由大队长广部率领从天津经廊坊，在下午 14 时赶到丰台，随即换乘 26 辆大卡车，径直开往北平，下午 19 时许抵达广安门。他们谎称是日本使馆的卫队，从野外演习归来，企图强行闯入北平城。广安门守军——第二十九军 132 师 25 独立旅 679 团刘汝珍部的一个连队当即关闭城门，拒绝日军进城。被阻于城外的日军坚持要进城，并气势汹汹地摆出了一副攻城的架势。宋哲元闻报即令刘汝珍团备战。守城官兵士气大振，随即将城门慢慢开启，诱敌进城。轻狂傲慢的日军以为中国军队又一次妥协，便毫不犹豫地鱼贯而入。当日军车队半数进入城门后，刘汝珍团官兵出其不意地向敌人车队猛烈开火，两军发生了战斗。由于中国守军居高临下位置有利，加以主动出击，火力猛烈，日军顿时陷入混乱。

香月清司对日军在广安门受挫和最后通牒遭宋哲元拒绝十分恼怒，在日本当局授意下，于 27 日中午下令向中国军队发起总攻。只因北平城内日本侨民未能按计划全部撤出，进攻时间又改为 28 日。但局部的进攻已经拉开了战幕。27 日晨 3 时，日军向驻扎在通县和团河的中国军队突然袭击，双方激战到上午 11 时，中国军队寡不敌众，突围撤退，通县、团河均告失守。平津局势危若累卵。

7 月 26 日傍晚，日军企图闯入广安门。

连日来，国民党政府与华北当局一样，感到和平解决已无希望。统帅部一面命令在日本内地的情报人员加紧侦察，一面加紧作战准备。至 24 日止，已从国外购进柴油数百万加仑，100 万人半年用军粮也在加紧采办。统帅部还决定，7 月底以前完成下列事项：各总分库弹药按计划搬运完毕；第一线兵团按新颁战斗序列到达指定位置；大本营、各级司令部及铁道运输司令部秘密成立；兵站开始设置。迄 26 日，除平津的第二十九军外，国民党已有五个师集中于沧（州）保（定）线，以此处为掩护集中地；另外五个师正向德（州）石（家庄）线紧急调动，并以此处为援军主力集中地。鉴于第二十九军与日军的混战已经开始，而两个集中地域距平津过远，统帅部决定将沧保线部队推进至永定河沿岸，以便增援北平，将主力集中地域则推至沧保线。

27 日，首都南京的气氛更显紧张。蒋介石下令政府各部、院、会实施动员演习，并准备迁地办公；中央所属兵工厂、仓库准备疏散；兵工署着手与法国、比利时接洽，购买弹药。另外，何应钦还特命交通部致电李宗仁、白崇禧调查越南海防经镇南关（今友谊关）到内地的交通情况，以备香港不测时，将海防作为国际交通线中转站使用。同日，蒋介石致电宋哲元，命令"先应固守北平、保定、宛平各城为基础，切勿使之疏失。保定防务应有确定部队负责固守"①。当天深夜，日军

---

① 蒋介石致宋哲元密电，1937 年 7 月 27 日，转自《历史档案》1985 年第 1 期，第 70 页。

开始向南苑、北苑发起进攻。宋哲元与第二十九军将领一致表示，决心固守北平，誓与城垣共存亡。随后，通令第二十九军奋勇抵抗，并向全国各界发表了自卫守土通电：

> 哲元自奉命负冀察军政之责，两年来以爱护和平为宗旨，在国土主权不受损失之原则下，本中央意旨，处理一切，以谋华北地方之安宁，此国人所共谅，亦中日两民族所深切认识者也。不幸于本月7日夜，日军突向我卢沟桥驻军袭击，我军守土有责，不得不正当防御；11日双方协议撤兵，恢复和平，不料于21日炮击我宛平县城、长辛店驻军，于25日夜突向我廊坊驻军猛烈攻击，继以飞机大炮肆行轰炸，于26日晚，又袭击我广安门驻军。27日早3时，又围攻我通县驻军，进逼北平，南北苑已均在激战中。似此日日增兵，处处挑衅，我军为自卫守土计，除尽力防卫，听候中央解决外，谨将经过事实，掬诚奉闻，国家存亡，千钧一发。伏乞赐教，是所企祷。①

在发表自卫守土通电的同时，宋哲元下令设立北平城防司令部，令冯治安为城防司令，配备了城防部队，准备固守北平。这天晚间，又派冀察政务委员会委员戈定远星夜奔赴保定，催促孙连仲、万福麟等督师北上，协同作战。

宋哲元守土抗日的最后抉择表明，他的对日妥协是有限度的。在和战的最后关头，宋哲元坚持了民族气节和爱国立场，毅然踏上了抗日卫国的正义之路，这是应当充分肯定的。但是，由于前阶段因循错误，坐失良机，第二十九军明显备战不足，完全处于被动地位，而日军进行了20天的战争准备，一切都已部署完毕。侵略者当然不会再给第二十九军一点点备战

---

① 1937年7月29日上海《大公报》。

▲宋哲元在前线召集军官训话

时间。就在宋哲元发表通电几个小时以后，即 28 日凌晨 2 时，松井打电话通知宋哲元：第二十九军"履行协定毫无诚意和不断地挑衅行为"，日军"早已不能忍受"，日军"决不能宽恕"第二十九军，因此要"采取独自行动"了，"劝告你立即全部撤出城内军队"[①]。上午 8 时，香月清司指挥华北驻屯军向平津地区的中国军队发动了全线攻击，第二十九军被迫在各个战场进行顽强反击，战火很快燃遍了平津。

---

① 日本防卫厅防卫研究所作战史室编：《中国事变陆军作战史》（第 1 卷第 1 分册），中华书局 1979 年版，第 205 页。

南苑突围——两将军血洒疆场

　　侵华日军于27日攻占通县、团河后，又于当天深夜开始向位于北平南郊的南苑发起进攻。

　　南苑地处团河之北，也是通往北平的咽喉要道。此地若失守，侵华日军则将控制北平南郊，继而可以长驱直入永定门，占领北平城。宋哲元于27日决定，第二十九军军部由南苑移驻北平，委派赵登禹为南苑方面指挥官。当天下午，军部迁往北平城，赵登禹则赶到南苑，和骑兵师长郑大章一同负责南苑的防务。

▲ 南苑日军阵地

　　驻南苑的部队除军部直属各处、科以外，还有直属炮、工、交各营，后勤、医院、特务旅（旅长孙玉田）所属两个团，军官教导团（佟麟阁兼团长）、军事训练团、骑兵第9师之一个团，第37师炮兵团和一个步兵团等众多单位，约有7000人，27日以前统归副军长佟麟阁和师长冯治安指挥。

　　还是在7月8日清晨，副军长佟麟阁、军参谋长张樾亭、副参谋长张克侠和军事训练团教育长张寿龄等人，就在一起议论了卢沟桥的事情和预测此事的未来发展。但他们没有商议如何防御日军进攻，如何安排备战工作，只是笼统地命令部队回驻地整装备战。因为他们要等候宋哲元的指示。南苑爱国官兵听到整装备战的命令，积极行动起来，擦拭枪支，补充弹药，整顿装备，人人都心情激愤，跃跃欲试。

　　军事训练团的官生们，虽然年纪小，但爱国热情尤其高涨。这个军训团是为训练培养中下级干部，补充军队需要而成立的。1936年，宋哲元应学生的抗日要求，曾在南苑举办了一期大学生军训班。随后在这年冬天，从北平、天津、保定、沧州等地，招收一些地方的学生（以中学生为主）、东北流亡学生和少数由东南亚回国抗日的华侨子弟，成立了军训团，在南苑七营房集训。军训团团长先由佟麟阁兼任，1937年1月以后，改由孙玉田担任，教育长是张寿龄。军训团下设三个大队，每个大队下辖四个中队，共有十二个中队，队干部大多为原抗日同盟军军官以及西北军在山西汾阳的军校毕业生，其中有一些是中共地下党员。军训团成立后，立即进行两方面的紧张训练。一为以抗日爱国为主的思想教育，一为军事训练。教育长张寿龄亲自谱写了《军训团团歌》，以激发青年官生的爱国热情。歌中唱道：

风云恶，陆将沉，狂澜负转在军人，
扶正气，励精神，诚真正平树本根。
锻炼体魄，涵养学问，
胸中热血，掌中利刃，
同心同德，报国雪恨，
复兴民族，振国魂！

军训团接到整装备战的命令后，各队选派代表向佟副军长递交了请缨杀敌书，表示誓以热血保卫祖国，坚决要求上前线。经张寿龄反复劝说，官生们才稳定下来，随即进入了紧张的战备状态。他们在南苑东南方向构筑工事，挖堑壕；将阵地前四百公尺以内的高粱、玉米一律砍倒，扫清射界；在营房院内挖防空洞，在岔路口筑土堡，严阵以待。过了五六天，军训团接到携三天口粮向保定转移的命令。当官生们了解到，军部考虑他们正在训练中，当战斗兵使用不妥，拟迁往保定继续学业时，他们再次上书，决心以先烈为榜样，在前线杀敌报国，不愿从战场上撤退而有辱军人的名声。当时，北平各报都报道了官生们请缨杀敌的壮举，对他们给予高度评价。以后，军部再未提迁移保定一事，爱国官生们最终实现了自己为祖国效死沙场的愿望。

27日傍晚，没有随军部撤回北平的佟麟阁携张寿龄在原军部营房，找到刚刚到达这里的南苑方面指挥官赵登禹。他们一起研究认为，鉴于日军飞机连续轰炸了廊坊、团河等地，南苑应加强防御，准备抗击敌人。为人一向稳健的佟麟阁坚决地说："既然敌人找上门来，就要和他死拼，这是军人的天职，没有什么可说的。"赵登禹也自豪地说："在喜峰口那次战斗中，我们还不是把他打得落花流水了？等着瞧吧！"赵登禹还

▲第二十九军官兵在北平城高呼抗日口号

介绍说，他的部队第 132 师已由河间、任丘北调，后续部队已过永定河。他已电催部队兼程赶到南苑集中，拟俟全部到达后再变更现有的部署。在此之前，已经在南苑外围布置了大量便衣队，暂为警戒。佟麟阁等提醒他对南苑的统一部署宜早不宜迟，以便统一指挥，赵登禹表示赞同。然而他们万万没有料到，宋哲元此时的调兵遣将已属临阵磨枪，一切都来不及部署了。午夜前后，四面不时传来枪声，敌人开始试探着进攻了。28 日一早，日军就出动飞机数十架，掩护机械化部队，向北平近郊的南苑、西苑和北苑，发起了全线进攻。

7 月 28 日拂晓，日军陆空联合袭击北平南苑、西苑、北苑。

黎明时分，南苑东北方的晨晖中，几个黑点时隐时现。不一会儿，敌人的侦察机飞临南苑上空，盘旋一阵，又向东北方向飞去。少顷，敌军五架轰炸机出现在南苑上空，转了一周，向驻军营地东北角的骑兵师师部俯冲下去，沿着营房的排列线疯狂地轰炸起来。密集的马匹和士兵来不及疏散、隐蔽，一片接一片地倒在了血泊中。

经飞机轰炸之后，集结于团河（北平以南约15公里）附近的日军第20师团主力与位于马驹桥（北平东南约15公里）的华北驻屯军一部，在40架飞机的配合下，从东、南两面同时向南苑阵地进攻；另有日军一部切断了南苑至北平的公路交通。南苑腾起一片硝烟，大火向四下里蔓延。与此同时，日军独立混成第1、第11旅团，从北平北面攻击北苑和西苑。在这紧急关头，虽然敌强我弱，处境被动，但第二十九军官兵沉着应战，顽强地抗击着日军的进攻。

南苑方面战斗一打响，佟麟阁、赵登禹就在各自的阵地上指挥作战，敌人的狂轰滥炸使各部队间的联系完全中断，无法实现统一指挥。正在焦急中，佟麟阁等人遇到了军部传令兵，才知道军部已下令：南苑各部队立即撤回城内。由于事先没有统一安排，各部队纷纷撤向北平时，无人指挥，无人掩护，秩序混乱，佟麟阁当即决定到大红门附近去掩护收容。他率领部队利用青纱帐，撇开公路循小径分散行进，很快到达了大红门。佟麟阁副军长指挥自己的卫队首先阻止部队毫无秩序地后撤，随即命令：不论哪个部队的士兵，现在都统一编组，凡是军官就出来指挥。第二十九军官兵见到副军长，情绪一下子安定下来。大家按照佟麟阁的命令，很快组成一支临时部队，掩护大部队在大红门至红庙之间的一条便道上撤退。佟麟阁亲自到掩护阵地指挥收容，还在大红门东边的小土山上设置瞭望哨，观察撤退情况。当各部队都已撤退、收容完毕后，已是中午1时许。佟麟阁不放心，又等待了一会儿，确信后面没有自己的部队之后，才和几个随从卫兵一起向北平城撤去。

　　这时，日军离他们已经很近了。由于青纱帐遮住了视线，佟麟阁一行没走多远就和一股日军遭遇。对射中，佟麟阁不幸被敌枪射中腿部，部下劝他稍退裹伤，他刚毅地说"情况紧急，抗战事大，个人安危事小"，拒绝了部下的请求，带伤坚持战斗，镇定地指挥大家转移。此时，日寇的飞机在这一带轰炸撤退的二十九军，投下了无数罪恶的炸弹，佟麟阁不幸又被炸弹击中头部，倒在了抗击敌寇的战场上，壮烈殉国，时年45岁。

　　赵登禹也在南苑战斗中壮烈殉国。

▲佟麟阁与赵登禹

　　七七事变爆发后，赵登禹奉命率部进驻南苑。27日途经团河时，曾与日军遭遇，发生激烈战斗。虽然宋哲元于27日委任赵登禹为南苑方面指挥官，但由于战备不足，通讯联络不畅，南苑战斗开始后，他无法对各部实施统一指挥。但赵登禹还是持刀督战，指挥官兵对敌发动冲锋。南苑一带地势平坦，无险可守，我军完全暴露在敌炮火之下。激战中，他多处负伤，仍坚持指挥战斗。后奉军部命令率部向北平城内撤退。行至大红门玉河桥时，遭到日军伏击，他左臂中弹，血流如注。卫士急忙上前包扎，劝其退出火线。赵登禹毫不理会，仍指挥向前冲杀突围。不久，他又多处中弹，致伤要害。这位抗日英雄最后战死沙场，时年仅37岁。赵登禹事母至孝，濒死仍念念不忘老母。弥留之际，他对身边卫士说："你赶紧回城里，告诉我母亲，忠孝不能两全，如果我死了，请她老人家不要难过。"

参加南苑战斗的军事训练团官兵也打得很英勇。南苑战斗开始时，日军首先从南面发起陆空联合进攻，首当其冲的正是军事训练团的阵地。军训团官兵奋力抵抗从团河方向杀来的日军，击退敌人数次进攻，第一大队副刘锡章壮烈牺牲。经过半天的战斗，军训团虽有严重伤亡，但阵地没有丢失一寸，官生们还保持着旺盛的士气。敌人"从正面摧垮，一举攻占南苑"的企图未能实现。午后，日军开始以铁甲车作掩护，向南苑西北角猛攻，以图切断南苑与北平的联系。至此，军训团以及未撤退的南苑守军已是腹背受敌。紧接着日军又攻占大红门一带，掌握有利地势，完成对南苑的全面包围。这时，军训团接到由邻部递次传出的撤退命令，便分成几路向不同方向突围。在突围中，军训团又有很大牺牲。此役结束时，军训团仅存官生700余人，1000多官生光荣牺牲！这些年轻人为抗击侵略者，不畏强暴，奋勇拼杀，表现了中华民族不可征服的伟大精神，说明中国人民必将为争取抗战的最后胜利竭尽忠勇。1937年8月，军训团在河间县诗经村集中整编后，继承先烈的遗志，高举抗日的旗帜，继续为争取抗日战争的胜利英勇奋战。

南苑战事失利，主力部队撤退之后，第38师驻南苑余部没有接到撤退命令，一直坚持战斗。在已化成一片焦土的阵地上，他们战斗到傍晚8时左右，面对日军越来越小的包围圈，英勇的战士们毫不畏缩，顽强地进行还击，最后，他们被迫退到一围墙角下，全部壮烈牺牲。日本侵略者占领了南苑。

佟麟阁、赵登禹将军，军训团的一千官生以及第二十九军无数的爱国官兵，倒在南苑战场、倒在鲜血浸透的焦土上，其状之悲壮，前所罕见。几天之后，人们在南苑战场上还看见"几百个士兵与马匹的尸体以及大量的军用物品，堆积在路上"，"路旁的壕沟及附近的田野中，也堆满了无数的伤兵"，"卡车上也满堆着尸体，在炎热的气候下，这些尸体已在发臭。显然中国军队是被突然攻击，没有时间散开"。这是日本侵略军欠下中国人民的一笔血债！也是蒋介石、宋哲元幻想和平，企图以外交手段消弭战祸所造成的恶果。这个惨痛的教训告诉后人，永远不要向法西斯企求和平，对侵略者只有狠狠地打击！

第二十九军将士及前方人民的鲜血激励着人们奋进，也促使一部分对日本法西斯尚抱有幻想的人猛醒。正如国民党元老于右任先生所说："佟麟阁、赵登禹两将军光荣的战死，和第二十九军，及前方人民所流的血，这惨壮的洪流，已渗透了我们全国家的版图，全民族的心坎，而大家要践迹前进的。"

天津沦陷——南开大学化灰烬

　　天津抗战，是天津军、警在日军大举进攻之际奋起抵抗的壮烈举动，是抗战开始后大规模对日主动出击的第一战。

　　7月9日，天津《益世报》以醒目标题，报道了日军发动卢沟桥事变的消息，中国共产党领导组织的各救亡团体纷纷行动起来，积极声援中国军队守土抗战。天津青年抗日文艺团体"海风社"为七七事变发出抗战宣言，号召大家"毫不犹豫地站在时代前头，肩负起民族兴亡的责任"，"一致奋起，共图生存!"南开大学学生会也致电山东乐陵宋哲元，赞"我第二十九军英勇抗战，为国牺牲，实堪钦佩"，并希望宋哲元"命驾回平，指挥抗战"，同时向全市印发《为卢沟桥事件告各界民众书》，提出"拥护第二十九军抗日"，"军民联合保护冀察"等项号召。天津人民高昂的抗日热情，对国民党第二十九军官兵和天津保安队产生了极大的影响，"帮助了将士们对于救亡的转向"，促进将士们在民族危亡之际奋起抗战。

　　7月下旬，天津形势已十分险急。日军企图首先攻占北平，扼住平汉、平绥铁路，然后再以北平、山海关和唐山的兵力夹击38师天津驻军。天津是日本华北驻屯军司令部所在地，平日驻有日军河边旅团步兵第二联队、炮兵独立联队及战车、骑兵、工兵、化学各一个中队，驻屯军空军大部也集中在天津。七七事变爆发以来，日军加紧进行着攻击天津的各项准备。他们首先控制了天津的海路和陆路交通，驻塘沽的日军千余人占领了塘沽码头，驻天津日军则占领了天津火车总站和东站，并于 26 日开始修筑从东站到东局子兵营长达十余公里的轻便铁路，用以运兵。其次，日军大量增兵天津，除步、炮兵外，还有大批飞机。"截至 27 日，津市共停日机六十余架"，28 日下午 4 时，又有日军临时航空兵团飞机"百余架抵津东局子机场"。另外，日军还不分昼夜地进行侵占天津的战术演习，从 25 日起，已发展到演习巷战，到 27 日，日租界实行戒严，"只有旭街（今和平路）、明石街（今山西路）、荣街（今新华北路）可以通行……此外各街口沙袋电网，均已布置，由日兵守卫"。

天津上空战云密布，驻津的第 38 师与北平失去了联系，第 38 师副师长李文田等心中不安，预感到大战迫在眉睫。但究竟是主动出击消灭敌人，还是就地固守，静待敌攻，他反复权衡也不能定夺。27 日，李文田电话通知第 112 旅旅长黄维纲、独立第 26 旅旅长李致远，天津警备司令刘家鸾，天津市政府秘书长马彦翀、天津保安队队长宁殿武和第 38 师手枪团团长祁光远等人到静海县李公馆开会，筹划作战部署。这时，天津市内及郊区只有第 38 师手枪团 1000 余人，独立第 26 旅的两个团约 3000 人，天津保安队三个中队和武装警察约 1500 人，共计 5000 余人。因天津日军以一部增援北平，在数量上中国军队多于日军，但武器装备却相差悬殊。日军在市中心海光寺驻有一个联队，有十几门炮，而且工事比较坚固；东局子日本飞机场停着 30 多架飞机，有一个步兵中队；天津铁路总站和东站还各有一小队日军。大沽口外有日兵舰和海军陆战队，山海关和廊坊也驻有日军。参加会议的将领们知道，对市

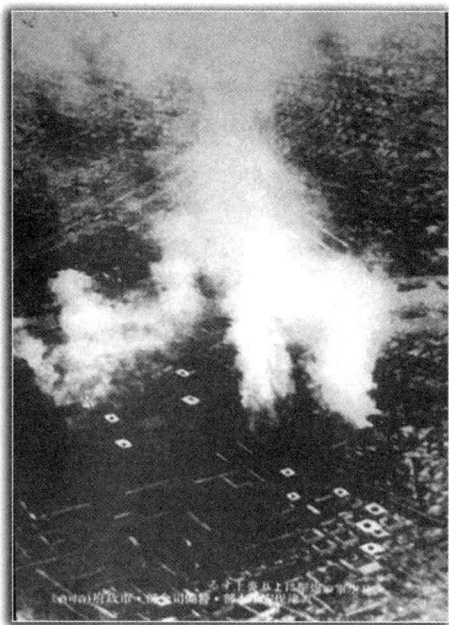

▲日军轰炸天津

区内这部分日军，必须迅速消灭，否则敌人援军一到，我军就会被包围，遭到内外夹击，有被消灭的危险。大家一致认为，必须立即出击，只有先机制敌，攻其不备，才有取胜的可能。会议最后推举李文田为临时总指挥，刘家鸾为副总指挥，定于28日凌晨1时向日军发起攻击。具体部署是：保安一中队攻取东站，由宁殿武指挥；手枪团全部，配独立第26旅一个营及保安第三中队攻占海光寺日本兵营，由祁光远负责指挥；独立第26旅，配保安第二中队，攻占天津总站及东局子日本飞机场，消灭守敌，烧毁飞机，由李致远负责指挥；武装警察负责各战场交通和向导；黄维纲旅为总预备队。总指挥部设在西南哨门。会议结束时，已是27日夜22时，离总进攻只有三个小时了，大家分头紧张布置起来。

28 日凌晨 1 时，天津抗战的枪声打响了。由于中国军队主动出击，敌人仓皇应战，所以初战的几个小时打得很顺利。宁殿武率领的保安一中队包围了东站，并发起攻击。日军守备部队和航空兵团的四百多人拼死抵抗。激战两个小时后，日军放弃车站退守在一个仓库中。因法租界拒绝日军通行，使日军无法向东站增援，通讯也完全断绝。因而，日军指挥部非常担心东站部队"有全军覆灭的危险"。保安队占领东站后，照总指挥部的命令，除留一个小队严守外，余部都去支援打海光寺。

突袭天津总站的战斗也很顺利。独立第 26 旅团长朱春芳先指挥预先布置在北宁公园的大炮，轰击北宁路总站，大炮过后，步兵发起攻击。光复总站后，中国军队又乘胜攻占了日军盘踞的北宁铁路总局。

攻占东局子机场的官兵们，每人携带一小水壶汽油和一盒火柴，跑步向机场前进，个个大汗淋漓，衣裳透湿。到达机场时，恰有一辆汽车从机场内开出，战斗在机场大门口打响了。等战士们冲进机场，日军的飞行员已经发动机器，准备逃跑。原来，日军飞行员都睡在飞机底下，听到枪声便迅速行动起来。爱国官兵扑向尚停在机场上的机群，将汽油倒在飞机上，可惜被汗水浸透的火柴此刻怎么也划不着，只有一架飞机被点着了。战士们打红了眼，不管有用无用，有人抢起大刀乱砍；有人用刺刀捅，用枪打；有人用手榴弹炸；还有人抓住飞机不放，直到飞机离开地面才松手掉下来。起了火的飞机，战士们不怕火烫，用手撕着火的飞机碎片，到别的飞机上去引火。一会儿，机场上烟火冲天，十几架飞机被烧着了。守卫机场的日军躲进办公楼和营房工事里，起飞的飞机在机场上空，像一只只没头苍蝇一样乱飞。东局子机场的战斗取得了重大胜利。但天亮以后，局势发生逆转。我军暴露在机场的平地上，受到敌机和办公楼内敌军的交叉扫射，伤亡很大。

在祁光远的指挥下，手枪团和保安第三中队于凌晨 2 时，突然由八里台插入六里台，猛扑日军兵营海光寺。在日军猛烈的炮火下，中国官兵前仆后继，几经冲锋，到天快亮时打到日本兵营外围，并占领了东停车场。日军只好龟缩在墙高垒固的兵营内。天亮以后，日军出动飞机九架，向中国军队扫射，兵营内日军也趁机反扑，双方几进几退，战斗极为激烈。海光寺虽然没能拿下，但这一夜的战斗，给敌人以很大杀伤。中国军队的突然进攻，完全打乱了日军的部署，日军所料不及，仓皇应战，处境极为不佳。日本驻津总领事给日本驻北平大使馆的电报承认，"由于中国方面的攻击，我方处于极为危惧的状态"。

▲1937 年 7 月 28 日，驻守在天津的国民党第二十九军 38 师奋起迎击日本侵略者。

驻守大沽的是第 38 师 112 旅 224 团第 2 营。28 日凌晨 3 时，盘踞塘沽海河河面的日本海军舰艇和配置于海河堤岸的二十多门炮突然向大沽口开火，猛轰大沽炮台、造船厂及第2营营部。随后，敌登陆艇十余艘强渡海河，企图登陆攻占大沽口镇。第2营官兵奋起还击，连续击退日军的多次进攻，使其登陆企图未逞，并击毁敌艇多艘，破坏了日军的军用栈桥。

29日天亮以后，李文田、刘家鸾和马彦翀得知日军大举进攻南苑的消息，看到报纸刊登第二十九军光复丰台和冀东保安队反正的号外，并接到宋哲元守土抗日的通电，他们也发出联名通电，指出："自卢案发生，日本无端分别袭击平郊各处外，并于今日晨复强占我特别四分区，分别袭击各处。我方为国家民族图生存……誓与津市共存亡，喋血抗战，义无反顾。"驻天津的部队对日军的一再进攻"容忍已久，一旦参预（与）守土卫国之战役，无不奋勇当先，踊跃效死"。"截至3时零5分，我首将特别四区收回，同时收复并包围北仓各车站"①。

天津人民夜里听到打击日军的枪炮声，白天又听到了胜利消息，喜悦之情不可抑制。在硝烟弥漫的战火中，广大工人、学生和市民冲出家门，冒着枪林弹雨，纷纷奔赴各个战场慰问第二十九军和保安队。他们不顾日军飞机数十架在天上轰炸扫射，仍然夹道欢迎通过市区的中国军队。民气之高涨，情绪之热烈，使爱国官兵受到莫大鼓舞。天津市的公私卡车和公共汽车，几乎全部自动赶来支援中国军队运送弹药和部队。司机们抢着把弹药搬到自己的汽车上，冒着敌机的轰炸扫射开往前线。运送部队的汽车经过租界时，住在租界内的市民拥上来鼓掌欢迎，甚至有的巡捕也主动拉开设在路口的拒马，让汽车顺利通行。

天津人民主动支援军队，修工事，运弹药，救护伤员，同

---

① 1937年7月29日天津《益世报》。

仇敌忾，汇成了激动人心的军民抗战洪流。海光寺附近商店的主人，把自己的铁门卸下来，送往前沿阵地用以构筑防御工事。在敌人密集的枪弹射击下，前面的人被打倒了，后面的人立刻跑上来接替，继续抬着铁门，而且唱着号子前进。

29 日凌晨 2 时起，日军分四路出动，大举进攻天津市区。第 38 师及天津保安队奋勇抵抗，并对日租界实施包围，大举反攻。经反复争夺，中国军队终于攻入日租界，并从大和街（今兴安路）、旭街（今和平路）、福岛街（今多伦道）三个方面包围了日军守备部队。日军把警官都推上前沿，凭借坚固工事负隅顽抗。在中国军队攻击下，日军"已完全陷入危急状态"，租界内实行非常戒严，连日本侨民也被组织成"义勇队"，准备作困兽之斗。与此同时，中日两军在天津总站、飞机场、华北驻屯军司令部等处激战，炮火极为猛烈。

8 时左右，大沽口 224 团的迫击炮轰击停、驶于海面的日本军舰，日海军与步兵联合发动反扑，大沽口再次形成激战。

29 日还发生了攻打公大第七厂的战斗。1936 年秋，天津华新纺织股份有限公司被日商吞并，厂名改为公大第七厂。七七抗战后，这里成了日本人的军事基地。工人们日夜盼望第二十九军进入天津，为他们报仇。有的工人忍不住跑到驻天津附近的第二十九军部队，把公大第七厂的情况反映给他们。不久，中国军队派官兵数人，化装成泥瓦工多次混进厂内侦察情况，预作战斗准备。1937 年 7 月 29 日凌晨，一百多名保安队员从工厂西墙缺口处打进厂来，进厂后兵分三路：第一路占据发电机房和水塔，这是全厂的制高点；第二路攻占日本人的办公室；第三路到厂门口袭击厂内日军。激烈的战斗直打到 29 日下午，战士们一天没吃没喝，弹药也所剩不多，但他们依然勇气不减。

29 日下午，香月清司责令 20 师团高木支队迅速增援天津，关东军司令官也命令原计划向承德输送的堤支队转往天津。下午 2 时许，日军开始重点轰炸北宁路总站以北的保安队总部、北宁公园、市政府、金汤桥西畔的警察总部、日租界北端外的电话局、东站和万国桥（今解放桥）之间的邮务总局以及南开大学。

南开大学是中国北方具有 40 年历史的著名高等学府。精心修建的秀山堂、思源堂、图书馆，在日机的轰炸之下遭到严重破坏。随后，又有日军数百名，乘汽车数辆，携带煤油，放火焚烧校园。一日之间，南开大学屋舍倒塌，瓦砾成山，变成了一堆废墟。对一个大学实施如此野蛮的破坏，日军的狠毒是无可言喻的。除南开大学外，北宁铁路总局大楼、天津市政府也都被炸成废墟；大径路（今中山路）到北站的三四百米之内，临街的商店房屋全部被毁；东站附近到处是人和骡马的尸体；天津市民无家可归的比比皆是，仅在旧意奥租界交界处，就有 2000 多人整夜淋在雨中。

第 38 师部队和保安队在日机轰炸下，付出了惨重代价，战斗力锐减，仅南开大学内的预备营就被炸死一百多人。前线急需兵力支援，但总指挥部只有两个连的预备队，无法分配。天津市外的黄维纲旅则因在大沽口等地与日军交战，无法按计划前来增援。孤立无援的天津守军在敌四面包围和空中轰炸之下，有全军覆灭之虞，急需有力部队的增援。但南京政府却对天津抗战采取了推脱观望的态度。27 日，宋哲元曾致电蒋介石要求庞炳勋军迅即集结静海、独流镇一带，以便策应天津，被蒋介石托词拒绝。29 日上午，宋哲元又致电军政部长何应钦，再次要求增援，结果是石沉大海，杳无回音。李文田等人自力不支，决定下午 3 时撤退，到静海县和马厂两地集中。天津人民含泪送走了英勇的抗日健儿。

但是，在日军疯狂的进攻面前，仍有部分保安队战士拒绝撤退，不惜以血肉之躯坚持战斗。特别是攻打公大第七厂的一些保安队员，听到撤退号，不愿放弃已攻占的水塔。他们高呼"至死不退却！""为战友报仇！"的口号，一直坚守着这个制高点。至 30 日中午，幸存下来的四位保安队员已弹尽援绝，陷于重围。看看四周的战斗都已结束，四位壮士自知活不了多久了，毅然告别同伴的遗体，手持上了刺刀的步枪一步一步走下水塔，拼尽全身力气与守在水塔外的日兵展开了最后的白刃战。刺死六名侵略者后，他们当中三人壮烈牺牲，一人被俘。被俘的保安队战士面不改色，怒目圆睁。最后，这位保安队的英雄好汉慷慨就义。

几天后，公大七厂工人清理了烈士们的尸体，安葬了 68 具忠骨，又偷偷买了纸钱到烈士的坟前焚烧，以慰无名英雄在天之灵。攻打公大七厂的战斗共打死日军 34 人，打伤 5 人。

7 月 30 日，北平失守仅一天之后，华北重镇——天津也沦陷了。

日军占领平津后，对平津人民进行了残酷的镇压，他们四处派兵，任意捕杀平民百姓，留守卢沟桥与宛平县城的保安队被全部杀害。但是，平津人民的血是不会白流的，慷慨悲歌的燕赵之士是从不向入侵之敌屈服的。日本侵略者的暴虐，只能激起中华民族强烈的反抗。

退守保定——张自忠北平脱险

　　7月27日8时40分，日本近卫内阁召开紧急会议，决定第二次增兵华北，令日军第5师团、第6师团、第10师团及配属各部从日本国内向中国输送。

　　28日，南苑等地鏖战不休，形势越来越不妙，北平城岌岌可危，随时有陷入敌手的可能。宋哲元深知守土有责，不战而退，舆论和国法难容，若再战下去，第二十九军支持不住，北平古城要遭炮火，自己也可能成为阶下囚，处境进退维谷。当天下午，宋哲元在铁狮子胡同进德社召集北平的军政首脑，举行特别紧急会议。他对大家说，敌人集中兵力打上门来，蒋介石不让还击，现在，敌人进一步逼着他和第37师全部撤离北平。在既不能打，又无法谈和的情况下，请大家切实研究一下，提出对策。这真是个难题。参加会议的冯治安、张自忠、秦德纯等人，一下子竟不知说什么才好。

　　突然，从南苑溃退下来的骑兵师师长郑大章衣冠不整，仓皇失措地闯进了进德社，惊慌地报告说，南苑官兵伤亡惨重，眼看坚持不住了，北平大有被围之险。宋哲元沉思良久，对大家说："为了照顾全局和长远利益，我决定离开北平前往保定，再作下一步打算。可是在把实力转移时，在北平必须留个负责人和敌人暂时周旋，把形势缓和一下。这个任务是非常艰巨的，请大家考虑由谁来挑此重担。"说到这里，他把目光停留在张自忠身上。

张自忠从宋哲元的目光中，领会到了他的意图。回想7月中旬以来，特别是局势恶化后，宋哲元对自己说："西北军是冯先生一生心血建的，留下的这点底子（指第二十九军），我们得给他保留着。这个事情非你不能做到……你的部队由廊坊到塘沽，战线拉得很长。第二十九军的队伍，很容易被日军消灭。只有你能和日本人谈。你拖上一个星期的时间，我们就能把部队收容起来，改变局势。望你忍辱负重，好自为之。"想到这里，张自忠明知事不可为，且必遭国人辱骂，但他还是毅然站起来说："现在战与和都成了问题，看情况事情不会一下得到解决。为了国家民族的长远利益，为了我们第二十九军能及时脱离被敌人包围的险境，既然委员长这样决定，目前这个任务我愿来挑，个人毁誉在所不计！"与会者大为感动，十分赞佩张自忠的果敢。宋哲元立即写下手谕，令张自忠代理冀察政务委员会委员长、北平绥靖主任兼北平市长等职。随后决定当晚率冯治安、秦德纯等出北平西直门，转赴保定。张自忠接过宋哲元的手谕，激愤得流下了眼泪，他说："委员长和大家都走了，我的责任太大，一定尽力而为！"宋哲元和他相对而泣，良久方忍住眼泪。临别前，张自忠沉痛地对秦德纯说："你同宋先生成了民族英雄，我怕成了汉奸了。"秦德纯郑重地劝勉道："这是战争的开端，来日方长，必须盖棺才能论定。只要你誓死救国，必有为全国谅解的一日，望你好自为之。"张自忠一一与众人黯然握手作别。

七七抗战爆发后，张自忠负责对日和平交涉一事，本已成为舆论指责的焦点，当他留平的消息传出后，人们不明真相，误认为他逼走宋哲元，甘心留平充当汉奸。一时间舆论大哗，谣诼纷纷，大有"国人皆曰可杀"之慨。甚至一些不知内情的第二十九军官兵一时也大为愤怒，把张自忠的照片统统撕得粉碎。

七七抗战初期，张自忠与宋哲元一样，希望和平解决争端，保住冀察地盘，但7月下旬，他已认识到必须对日寇进行坚决反击。27日，赵登禹奉命到南苑指挥作战时，张自忠曾电话告知王锡汀副师长，令南苑方面的第38师所属部队，直接听从佟麟阁、赵登禹的指挥，参加南苑战斗。张自忠同意留平与敌周旋，完全是以"跳火坑"的精神，自我牺牲，希望以此来争取时间，掩护宋哲元及第二十九军安全撤离，而不致全军覆没。

28日晚，张自忠送别宋哲元一行，便电话通知驻守北平北郊和通县的第39旅旅长阮玄武，集合部队，恢复常态。阮玄武安置好队伍，很快来和张自忠见面。张自忠把详情介绍后，让阮玄武看宋哲元留下的手谕，沉痛地说："宋先生把我留下来，不是为了打，而是要我以和谈达到掩护我们部队撤退免遭敌人包围的目的，现在大家都走了，就剩下我们两个人来支撑这种险恶的局面。敌人野心很大，平津的情况又很复杂，怎样才能渡过这个难关，我们要好好商量。你多思考思考，把这个局面维持一下。"阮玄武说："事情既已到了这种地步，我遵照你的命令办就是了。"随后心事重重地离开了张自忠。当晚，张自忠到一位好友家，心情沉重地说："这明明是个火坑，可是我非跳不可，但当汉奸咱不能干。队伍明天就全部撤走了，我的第38师还在天津。跟日本人谈吧，说什么？打吧，我赤手空拳，怎么打？"整整一夜他都没合眼。

29日一早，张自忠回到西安门外椅子胡同四号私寓。他脸色铁青，愁容满面，对身边的工作人员痛苦地陈述了他奉命留平作缓冲的情况，他说："军人以服从为天职，只要是对全军、对国家有利的事情，我张自忠万死不辞。"随后指定六七人随他留平，其余人（包括警卫排）均回原部队准备参加抗战。

29日凌晨，第二十九军全军撤离古都北平。天亮以后，北平街头人声鼎沸，大家惊异地发现，一夜之间，第二十九军竟从北平城撤退得无影无踪了。街头贴着代委员长张自忠的布告，说中日战局发展，第二十九军为缩短防线，退出北平，向保定一带集中兵力，继续抵抗。劝告民众各安生业，不要惊惶自扰。但是，北平就要沦为敌手，人民就要当亡国奴，民众的心如何能安定呢？

这时，在北平西南郊公路上，北平城的守军、西苑守军、南苑守军、卢沟桥守军，一队队，一列列默默地向南行进，显得极为疲倦。有位记者发现吉星文团长也在队伍中，便奇怪而又关切地问，卢沟桥上是否有人接防？吉星文及其部下，无一人答话，仍旧默默地走着。就这样主动撤离了浴血奋战二十余日的卢沟桥，吉星文及其战士们能说什么呢？不一会儿，日军飞机赶来沿途轰炸。一队九架飞机飞临长辛店，一升一降地抛下了无数炸弹。不久，敌人发现离长辛店十公里的南岗洼里，吉星文团正在休息，几架轰炸机飞过来，先是投炸弹，接着又是机枪扫射。官兵身着灰色军服，人又集中，南岗洼的高粱地也无法隐藏，而且敌机可以飞得很低。守卫卢沟桥的英雄们，在撤退中受敌袭击，伤亡众多，其状惨不忍睹。敌机在长辛店和南岗洼扔了一阵炸弹，又追踪其他部队，飞至良乡一带，一边轰炸，一边还散发传单，说什么"此次军事行动，是为膺惩第二十九军"等。由于地形复杂，易于掩蔽，这部分部队未受大损伤。

在北平失守的这天，国民党政府在南京连续召开了两次特别会议，商讨今后方针。会后，蒋介石对记者发表谈话说："军事上一时之挫折，不得认为失败……"并重申，前次列举的四点立场"绝无可以变更……余已决定对此事之一切必要措置，惟望全国民众沉着谨慎，务尽其职，共存为国牺牲之心，则最后之胜利必属于我也"。①

29 日清晨 6 时 30 分，今井武夫和松井太久郎召集江朝宗等汉奸开会，决定立即组织治安维持会。30 日下午 2 时，正式成立了伪北平市地方维持委员会，由江朝宗任委员长，委员有冷家骥、邹泉荪、吕均、周履安和潘毓桂，并由日本宪兵队队长赤藤、冀察军事顾问笠井等充当顾问。②

30 日，张自忠接到宋哲元从保定打来的电话，传达蒋介石的命令：只要继续谈判，迟滞日军，所有条件都可以接受，一切责任由中央政府负担。张自忠奉命派潘毓桂、陈觉生等人与日方交涉谈判。哪知这些将民族气节抛到九霄云外的败类，竟然站在日本侵略者的立场上要求张自忠通电反蒋反共，宣布"独立"。张自忠断然拒绝。日军知张自忠不甘为其所用，即直接指使汉奸张壁、潘毓桂办事，使张自忠无法行使职权。在恶劣的环境中，张自忠仍不负使命，尽自己最大的努力。他对因时间仓促尚未退出的部队一一指示退却办法，同时发动北平民众将平津作战中负伤者安排治疗，阵亡者予以安葬，并派员接济安置第二十九军官兵留平眷属。

张自忠想到这几天里，自己已经竭尽全力而为，时机也差

---

① 《申报》每周增刊第 2 卷第 3 期。

② 8 月 7 日，张自忠宣布辞去冀察政务委员会代理委员长一职。8 月 19 日，政务委员会自动解体，江朝宗出任伪北平市市长。

不多了，应赶快设法脱离险境。8月7日，他宣布辞去一切职务，随即秘密住进东交民巷东口的德国医院（今名北京医院）。几天后，派副官廖保贞找到美国侨民福开森，请他设法帮助。经福开森允诺后，张自忠化装成学者，住进了东城礼士胡同福开森家。不久，旧部将领联名写了一封信，派副官周保衡潜赴北平，要求张自忠早归国军，率部抗日。张自忠南下抗战心切，当即在一张纸条上写道："学校既已开学，岂有不前往上课之理。"① 为了及早脱离虎口，奔赴前线，他决定派廖副官赴津，找商人赵子青帮助脱险。一切布置就绪后，9月7日清晨4时，张自忠着工装出门，坐在美国商人甘先生的汽车内，出朝阳门，过通县，一路顺利无阻，到达了天津英租界赵子青家。此时，张自忠面黄肌瘦，形容憔悴，疲惫不堪。他把家事粗粗安排交代之后，9月10日拂晓，乘英国驳轮到塘沽，再换乘英商轮"海口号"，悄然离开华北，南下奔赴抗日前线……

---

① 中国人民政治协商会议全国委员会文史资料研究委员会编：《文史资料选辑》（第54辑），中华书局1964年版，第58页。

卢沟桥战斗中的第二十九军
将领和主要军政人员

宋哲元

宋哲元将军，国民党第二十九军军长。1937 年 7 月 7日，他领导的第二十九军在卢沟桥地区奋起抵抗日寇的进攻，打响了中华民族抗战的第一枪。尽管宋哲元在主持华北政权以及卢沟桥抗战之初有向日本妥协的一面，但纵观他在历史重要关头的表现和作用，仍不愧为一个具有民族气节的爱国抗日将领。

▲第二十九军训练场上的宋哲元

宋哲元，字明轩，1885 年 10 月 30 日生于山东省乐陵县，从小随当私塾先生的父亲读书，1907 年投笔从戎，1912 年入陆建章左路备补军随营学校，毕业后在冯玉祥部第一营任前哨哨长。宋哲元忠诚厚道，讲义气、重信用，他的勤朴耐劳和生就一副军人的气质，赢得了冯玉祥的信任和赏识。宋哲元长期在冯玉祥麾下南征北伐，后任连长、营长，转战于陕西、四川、湖南等省。1921 年任第 43 团团长，驻陕西渭南、临潼一带。

1922 年直奉战争爆发，宋哲元在郑州战役中立功，升任第 29 旅旅长，从此跻身于冯玉祥部高级将领之列，为西北军五虎将之一。1924 年冯玉祥发动北京政变，改组国民党军，宋哲元任国民军第一军第 11 师师长。1926 年秋冯玉祥组织国民军联军，响应国民革命军北伐，宋哲元被任命为北路军总指挥。1927 年北伐战争后，奉国民政府令任陕西省主席。1928 年 2 月，任国民政府军事委员会委员。1930 年，中原大战爆发，冯玉祥通电下野，宋哲元率部退入山西。国民政府决定改编北方的军队，1931 年国民政府决定由张学良负责将西北军改编为国民革命军第二十九军，宋哲元任军长。

1931 年九一八事变后，日本帝国主义迅速占领东北三省，并向关内步步紧逼。宋哲元把抵御外侮视为自己的光荣职责，提出了"枪口不对内"、"宁为战死鬼，不作亡国奴"的爱国口号。他率领第二十九军官兵以日本帝国主义为民族之敌，积极进行战备训练，准备随时奔赴战场。当时第二十九军装备十分低劣，给养也很困难，但全体官兵士气高昂。枪械不足，就收集废铁制成大刀；枪弹短缺，则多造手榴弹以资补救；军饷不足，则官兵一致，渡过难关。短短两年间，第二十九军已成为一支训练有素，具有相当战斗力的部队。

1933 年，侵华日军占领山海关、热河后，开始向长城各隘口进犯，企图一举进占华北。宋哲元指挥了长城抗战，使日军入关以来第一次受到中国军队的沉重打击，振奋了全国人民决心抗战到底的信心和斗志。长城之役，使第二十九军声名远扬，第二十九军的最高将领宋哲元，也因此被誉为抗日英雄。

1933 年 8 月，宋哲元奉南京国民政府之命，任察哈尔省主席，主持全省军政。"张北事件"发生后，日军以此为借口，提出撤换察哈尔省主席等无理要求，南京国民政府为避免与日寇冲突，撤去宋哲元察哈尔省主席职务，由秦德纯代理。宋哲元得悉后，颇为吃惊。不久，蒋介石派人转告宋哲元："务要忍辱负重，苦撑华北局面，拥护中央抗战准备，三年之后，方可言战。"

不久，北平发生白坚武骚乱事件，引起北平当局的惊恐，萧振瀛建议调第二十九军守卫北平。第二十九军以此为契机，进驻北平西郊，在军事上控制了北平市。此后，又控制了河北、天津地区。8 月，国民政府任命宋哲元为平津卫戍司令。11 月底，又任命宋哲元为冀察绥靖公署主任。由于宋哲元掌握了华北军政大权，日本帝国主义转而极力拉拢宋哲元，煽动"华北五省自治"。宋哲元为保存与发展第二十九军实力，于 12 月底成立了"冀察政务委员会"，宋哲元任委员长兼河北省政府主席。

1937 年 3 月，天津日本驻屯军司令田代皖一郎强迫宋哲元在"经济提携"的条款上签字后，宋哲元拒不履行条款内容，于 5 月 21 日回山东乐陵原籍，躲避日军纠缠。

七七卢沟桥抗战爆发后，宋哲元为保住平津这块栖身之地，保住他苦心经营的第二十九军，幻想"和平"解决。但当日军暴露出吞并全中国的狰狞面目时，宋哲元转而积极抗战，丢弃"和平"幻想。北平沦陷后，宋哲元撤到保定。

宋哲元在保定时，精神十分苦闷。他常常引咎自责。7月30日，宋哲元打电话给南京政府，请求处分。蒋介石为拉拢宋哲元，复电安慰，并任命宋哲元为第一集团军总司令，将第二十九军扩编为三个军。8月14日，宋哲元发表告官兵书，写道："凡我官兵，应知我国家已到生死存亡最后关头，我不杀敌，敌必杀我"，"本不屈不挠之精神，作再接再厉之奋斗，前仆后继，死而后已。"宋哲元奉命将部队集中到津浦沿线，在大城、青县以北布防，总部设在沧州。

9月初，日军向冀南发动进攻。10月，宋哲元赶往前线策应山西作战。不料部队刚开始行动即为日军所察觉，日军趁机攻取大名。11月，大名失守。1938年2月，蒋介石下令将第一集团军张自忠部队调往第五战区，参加徐州会战，使宋哲元兵力大为削弱。

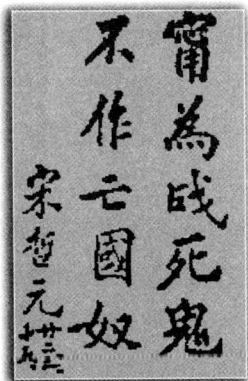
▲宋哲元为二十九军的题词

1938年3月，宋哲元调任第一战区副司令长官，第一集团军番号取消，宋哲元被夺去了兵权。从此，他郁郁寡欢，不久请假到湖南衡山疗养，后转至广西阳朔，四川灌县、绵阳等地养病。1940年4月5日，宋哲元在四川绵阳逝世，终年56岁。

宋哲元病故后，国民政府追赠他为一级陆军上将，并成立了以冯玉祥为首的治丧委员会，冯玉祥亲往绵阳吊唁。

如今，在宋哲元墓地上，屹立着冯玉祥将军亲笔题写碑文的神道碑和墓碑。在墓碑前八德亭的石柱上，镌刻着朱德和彭德怀赠送的一副挽联：

一战一和当年变生瞬间可大白于天下；

再接再厉后起大有人在可无忧乎九泉。

这副挽联可谓公允地评价了宋哲元的一生。1981 年 6 月，中共十一届六中全会决议将宋哲元定为抗日爱国将领。

秦德纯

七七卢沟桥抗战爆发当夜，日军在卢沟桥、宛平城无理挑衅时，第二十九军副军长、北平市长秦德纯向驻守官兵发出了严正果断的命令："确保卢沟桥及宛平县城，不许日军一兵一卒进入，不许放弃一寸国土。守土有责，卢沟桥和宛平城就是我军官兵最光荣、最贵重的坟墓。"秦德纯曾是喜峰口抗战的直接指挥者，后来忍辱负重，与侵华日军苦心周旋。在民族危

▲秦德纯

机的关键时刻又与侵华日军誓死抗争，为中华民族的抗战事业作出了贡献。

秦德纯，字绍文，1893 年 11 月 4 日生于山东省沂水县北埠东村一农家。1914 年初，考入保定陆军军官学校第二期步兵科学习，1916 年 5 月毕业后，分配至北洋陆军第 5 师任见习排长。1917 年 4 月调任陕西陆军第一师参谋。1922 年 12 月毕业于北京陆军大学正规班第六期，升任直系豫东镇守使王文蔚部上校参谋长。

1924 年秋，第二次直奉战争中，王文蔚部被冯玉祥的国民第二军打败，被收编为国民军第二军第 5 师，王文蔚任军长，秦德纯任参谋长兼骑兵团长。1925 年 11 月，秦德纯任冯玉祥部第 24 师 47 步兵旅旅长，此时，吴佩孚把王文蔚等直系旧队拉回去，归靳云鹗指挥。1927 年，靳云鹗任命秦德纯为河南省保卫军总一军第 1 师师长。不久，靳云鄂率部投靠冯玉祥，秦德纯所部归冯玉祥改编为第二十三军，秦被任命为第二集团军第二方面军副总指挥兼第二十三军军长。随后调任第 2 集团军总司令部副总参谋长。中原大战后，张学良将西北军旧部收编为第二十九军，宋哲元任军长，秦德纯任参谋长，后改任副军长。

1932 年初，张学良将第二十九军调至察哈尔，宋哲元兼任察哈尔省主席。察哈尔省为当时日本满蒙政策争取的目标，对日的交涉任务颇为繁重。从此秦德纯"抱定不丧权不辱国的原则，和日方周旋"。

1933 年春，秦德纯由蓟县总部驰赴喜峰口前线。秦德纯因深入前线指挥作战，战功显著，升为陆军上将，获青天白日勋章。

1933 年 8 月，第二十九军奉命调回察哈尔，秦德纯任察哈尔省政府委员兼民政厅长。1935 年 6 月,"张北事件"发生后,南京政府免去宋哲元察哈尔省主席之职,派秦德纯代理察省主席。秦德纯在何应钦授意下,与日本驻北平的华北特务机关长土肥原谈判时,为避免冲突,尽量退让,6 月 27 日,签订秦土协定。事后,秦德纯曾无奈地回忆道:"协定是中央批准的,是何应钦同意的,应该说是'何土协定',不应该把签订协定的责任,放在我的头上。"

1933 年春夏之交,日军为策划"华北自治",企图扶植一个傀儡政权。为给"华北自治"铺平道路,日本武官高桥和北平特务机关长松室孝良要求第二十九军军法处长肖振瀛将包括北京大学校长蒋梦麟在内的抗日分子 100 多人逮捕扣押。肖振瀛深夜找到秦德纯密商,秦提出了一个"打草惊蛇"的办法。于是肖振瀛先逮捕一些抗日人士,关押在天津卫戍司令所优待室内,其他抗日人士闻讯后,先后离开北平,从而保护了一批抗日力量。

1935 年 12 月 18 日,冀察政务委员会成立,秦德纯任常委,负责外交事务。周旋于日方的外交官、武官、特务机关人员和新闻记者之间。秦德纯因与日军、汉奸打交道较多,引起国内的一些爱国忧时之士及其亲朋好友的不满,他们纷纷责备其丧失民族大义,一些报纸倍加痛斥,使秦德纯极为苦闷。1936 年底,日军更是不断向第二十九军挑衅,制造事端,汉奸潘毓桂、陈觉生更是为虎作伥。为此,1937 年 5 月,宋哲元为回避日方纠缠,回山东乐陵原籍。因此,在七七抗战爆发前后,华北的军事、外交、政治就归秦德纯等人苦撑。在处理重大的外交事务方面,秦"抱定不丧权不辱国的原则"行事,按他的话说,这是他一生"最沉闷苦痛的时间"。

卢沟桥抗战爆发时,秦德纯命令守军坚决抵抗。7 月 8 日下午，秦德纯、张自忠、冯治安联名致电南京政府，表示抗敌决心。

7月16日，宋哲元返回北平。但宋哲元对"和谈"抱有幻想，待他下决心抵抗时，为时已晚，南苑战斗，中国军队损失惨重。南苑失守后，宋哲元、秦德纯、张自忠等商议第二十九军撤出北平，由张自忠处理平津防务。临行前，张自忠含泪对秦德纯说："你同宋先生成了民族英雄，我怕成了汉奸了。"秦德纯则勉励他说："这是战争的开端，来日方长，必须盖棺才能论定。只要你誓死救国，必有为全国谅解的一日，请你好自为之。"

平津沦陷后。宋哲元被任命为第一集团军总司令，秦德纯任总参议。1938年，秦德纯调任点验委员会副主任委员，次年到汉口上任军事委员会战区军风纪第五巡察团主任委员。1945年冬，调任军令部次长，并获得青天白日勋章、革命十周年纪念章、二等云麾勋章、宝鼎勋章等。国防部成立时，任国防部中将次长。

1946年5月，秦德纯接到盟国在东京组织的审判战犯军事法庭通知，前往东京出庭作证。他作证的内容是：日本是对中国发动战争的侵略者；土肥原是执行侵略政策的重要支持人。

1948年12月，济南已解放，蒋介石为维持山东残局，令秦德纯出任山东省政府主席兼青岛市市长。1949年3月，秦德纯回到南京。同年12月去台湾，任"总统府战略顾问委员会顾问"。1963年9月7日，秦德纯因病去世，终年70岁。

佟麟阁

佟麟阁是全面抗战开始后中国牺牲的第一位高级将领。在强敌压境、民族存亡的生死关头，佟麟阁挺身而出，奔赴战场，指挥若定，身先士卒，直至为国捐躯，实现了自己"誓以满腔热血洒遍疆场，保我河山，复我失地"的誓言。佟麟阁视死如归的牺牲精神，震动了爱国官兵，震动了全国民众，从而激发了全国军民杀敌取胜的决心和信念。

佟麟阁，原名凌阁，字捷三，河北省高阳县边家坞村人。1892 年 10 月 29 日生于一个农民家庭。贫苦的农家生活使他养成了正直、纯厚、善良的性格，也培养了他勤奋读书、吃苦耐劳的品德。他的童年时代和少年时代正值中国封建社会末期，他看到人民生活于水深火热的苦难之中，民族遭受列强凌辱，心灵深处产生了仇恨帝国主义的火种。

佟麟阁 18 岁时，被人介绍到高阳县署当缮写。这在当时是一个不错的工作，但官场腐败的内幕使他无法忍受。1912 年，冯玉祥在河北农村招募新兵，他毅然弃职从军，不久担任了冯玉祥部左哨哨长。从此，佟麟阁在冯玉祥的部队中成长起来。

佟麟阁从戎以后，追随冯玉祥南征北战。1914 年，冯玉祥任第 10 混成旅旅长，佟麟阁出任该旅 1 团 3 营 2 连连长，驻防陕西。这时，赵登禹千里投军，在佟麟阁连入伍。赵登禹骁勇过人，得到佟麟阁的喜欢，两人从此结成生死之交。1915 年，参加了护国战争；1917 年，参加廊坊起义，反对张勋复辟；1924 年，参加推翻贿选总统曹锟的北京政变，成为国民军的一员干才，为攻克保定立下功劳，打击和牵制了北洋军阀势力，为北方革命势力的发展作出了贡献。1926 年 9 月，冯玉祥访苏归来，为响应广州革命政府北伐，举行五原誓师，佟麟阁追随国民联军集体加入国民党，参加国民革命。1927 年春，他受命率部东出潼关，配合武汉革命政府的第二次北伐，在郑州与唐生智部会师，对一举打垮直系军阀，沉重打击奉系军阀立下了汗马功劳。

▲1935 年，佟麟阁与彭静智和次子佟兵在张家口。

　　中原大战后，佟麟阁被解除了第 27 师师长职务，携家眷由陕入晋，陪同冯玉祥赴阳泉隐居。随后又去汾阳峪道河与冯玉祥同住，离开了军旅生活。此时，佟麟阁心境惆怅，隐居避俗，异常苦闷。他戎马倥偬已有 18 年，然而他看到的是社会腐败，军官们争权夺利，不惜为金钱背叛多年的袍泽，反目成仇。这与他平素节俭，正直忠厚的性格相差甚远，史同他自励励人的"文官不受钱，武官不怕死"的箴言格格不入，只好寄托于无名无利的君子生活。

　　九一八事变，东北四省的沦亡，使佟麟阁再也不能沉默了，他离开隐居之所，前往第二十九军驻地，辅助宋哲元训练军队，以图报国。此时，佟麟阁任第二十九军副军长。

　　1933 年 1 月，热河危在旦夕。第二十九军被调至平津前线。宋哲元军长亲临前线指挥，委托副军长佟麟阁兼任察哈尔省警备司令，暂代察哈尔省主席之职，当第二十九军在喜峰口、罗文峪抗击日军时，留守张家口的佟麟阁在后方积极备战，维持局势，有力地支援了前方将士。

　　此时，冯玉祥由泰山抵张家口后，与中国共产党合作，筹谋抗日大业。佟麟阁支持冯玉祥的抗日主张，同冯玉祥密切联系，共同筹划组织抗日同盟军事宜。1933 年 5 月，察哈尔民众抗日同盟军在张家口成立，冯玉祥出任总司令，同时任命佟麟阁、吉鸿昌、方振武分别为同盟军第一、二、三军军长。6 月20 日，佟麟阁、吉鸿昌、方振武联名通电表示："为民族生存而战斗，应民众要求而奋起，敢对国人一掬肺腑，凡与吾人同一战线者皆为吾友，凡与敌人同一战线者皆为吾仇……"抗日同盟军的出现，引起南京国民政府的恐慌，蒋介石采取种种手段分化瓦解，最后被迫解散。佟麟阁面对山河破碎、国家垂危的局面，深感抗日之志未酬，一腔悲愤无处倾吐，只好决定再次隐退山林。他挂职出走，隐息北平香山，以在野之身注视华北局势，以待机报国。

　　一二九运动后，第二十九军应广大爱国学生的强烈要求，在北平南苑办起了军训团，佟麟阁出任军训团团长。全团共有1700 余师生。军训团除进行必要的军事训练外，很注重对团员进行爱国主义教育。经过佟麟阁等人的努力，军训团培养了一批干部，他们在八年抗战中贡献颇大，有的加入了中国共产党，成为高级指挥员。

　　卢沟桥抗战爆发后，佟麟阁将军积极主张抗战，英勇杀敌。他在南苑召开的全军干部会议上慷慨陈词："中日战争是不可避免的。日寇进犯，我军首当其冲，战死者光荣，偷生者耻辱；荣辱系于一人者轻，而系于国家民族者重。国家多难，军人应当马革裹尸，以死报国。"①

　　7 月 13 日，佟麟阁又与第二十九军诸将领联名通电全国：

―――――――――

① 张寿龄：《追念大红门之役》，载北平《华北日报》1946 年 7 月 28 日。

"保卫国土，义不容辞，慷慨赴义，理所当然。"①

日军三面围攻南苑。佟麟阁与赵登禹商议对策。佟麟阁坚决表示：既然敌人找上门来，就要和他拼个死活，这是军人的天职，没有什么可说的。

7月27日，日军已由廊坊进抵团河，直逼南苑，大战一触即发。这一天，恰好是佟夫人彭静智的生日，她电请佟麟阁赶回北平家中。佟麟阁复电说："国家多难，军务紧急，大丈夫应敬马援，用马革裹尸还乡，家中事拜托你了，要孝敬好父母，教育好子女。"这份电报竟成了他的遗嘱。佟麟阁终于血洒疆场，用他的生命报效了他所热爱的祖国。

7月28日，日军调集陆空军向南苑进攻。佟麟阁果断沉着地指挥部队作战。午后，日军攻入南苑，使第二十九军腹背受敌。这时大红门又发现日军，军情万分紧急。为防止日军切断第二十九军的退路，佟麟阁奉宋哲元之命率部向大红门方向集中突击。他在指挥部队向敌人冲击时，被敌机枪击中腿部，血流如注。部下劝他稍退裹伤，他坚毅地说，情况紧急，抗战事大，个人安危事小。执意不肯后退，并继续指挥战斗，这时敌机又一次向阵地狂轰滥炸，佟麟阁头部受重伤，随后壮烈殉国，时年45岁。

佟麟阁牺牲以后，中国红十字会冒着炮火，将其遗体运回北平，安置在雍和宫附近的柏林寺内。北平沦陷后，抗日英雄无处安葬，柏林寺老方丈仰慕佟将军为国捐躯的精神，冒着生命危险，收留了他的灵柩，并严守秘密直到抗战胜利之日。抗战胜利后，北平市政府把北平二龙路以南至国会街那段路，改称为佟麟阁路。1946年4月5日（清明节），在北平八宝山忠

___

① 《佟麟阁生平事迹》（未刊稿），卢沟桥文管所藏。

烈祠，隆重举行了入祠仪式。同年 7 月 28 日，即佟将军殉国九周年时，北平各界在中山公园举行追悼大会，万人执绋，极尽哀荣。同一天，他的灵柩被移葬到西郊香山公园外南侧、正黄旗兰涧沟山上他故居后面。

佟麟阁作为为祖国献身的第一位国民革命军高级将领，对继起的每一位军民都是巨大的鞭策和鼓舞。1937 年 7 月 31 日，国民政府明令褒奖佟麟阁："此次在平应战，咸以捍卫国家保守疆土为职志，迭次冲锋，殁于敌阵，追怀壮烈，痛悼良深。"并追认佟为陆军上将。

佟麟阁一生"淡于名利"，"好学深思"，因此能"临危受命，镇定从容"。冯玉祥将军在挽联中写道："报国敢云天职尽，立身当与古人争。"

1979 年 8 月 1 日中共北京市委统战部发出通知，追认佟麟阁将军为抗日阵亡革命烈士。

冯治安

卢沟桥抗战时，日本侵略者曾对第二十九军第 37 师恨之入骨。在"和谈"中多次要求第 37 师撤离北平。原因不问自明，第 37 师抗战英勇，使日军对卢沟桥和宛平城屡攻不能得手。这支训练有素的第 37 师部队，师长就是冯治安将军。他在与日本侵略者的斗争中，意志坚定、态度鲜明。他在抗日战争中与侵华日军奋勇搏斗，屡立战功，仍不失为一位值得称颂的爱国将领。

冯治安，原名治台，字仰之。1896 年 1 月 12 日生于河北省故城县东辛庄村一个贫民家庭。1912 年，他投奔冯玉祥部亲卫军左路备补军。1916 年参加护国讨袁战役，因作战机智勇敢，第二年被提升为营长。1924 年 10 月，冯治安参加冯玉祥发动的北京政变。1926 年秋，冯玉祥响应国民革命军北伐，在五原誓师。此时，冯治安在国民革命军中任第 4 师师长，冯部由五原经宁夏、甘肃抵达陕西。这时刘镇华部被围困西安达八个月，城内弹尽粮绝，军民饿死上万人。冯治安闻讯率部日夜兼程，进逼城下，战胜镇嵩军，解救了被围军民。

▲ 冯治安

冯治安因此升任第十五军军长。北伐战争结束，冯治安进入陆军大学深造。1931 年调任第二十九军第 37 师师长。

1933 年 1 月，日军侵入热河，守军汤玉麟部不战而逃。张学良急调第二十九军移驻三河、宝坻、香河一带，冯治安部迅速开到三河，立即构筑工事，准备迎敌。2 月下旬，日军逼近长城，冯治安部奉命移驻长城，负责守卫喜峰口一线防御，立足未稳，忽听说热河败军已涌进长城，情况危急，冯治安急令全军星夜兼程，急行军赶往喜峰口及两侧阵地，与日军交战，终于夺回了喜峰口高地，稳住了战局。3 月 11 日，冯治安又成功地指挥了大规模奇袭，使日军遭到侵华以来从未有过的重创。冯治安因此获青天白日勋章。

1936 年以后，日军节节进逼，经常向第二十九军挑衅。此时，冯治安任河北省主席。冯治安对日军无理挑衅至为愤怒。他严令部下"以牙还牙"。日军为了炫耀武力，不断列队出城演习，招摇过市。冯治安针锋相对，在当日日军演习后的第二天，必定率部也在原地演习。为了应变，他还推行大中学生暑期军训，命何基沣主管。他曾去塘沽造船厂视察，鼓励工人多生产武器，支援军队。

七七卢沟桥抗战爆发前夕，冯治安第 37 师分布在北平城内、西苑、长辛店、卢沟桥等地。7月7日晚，冯治安接到日军要求进入宛平城搜查士兵的报告后，当即对卢沟桥守军何基沣第110旅第219团吉星文团长下命令说："卢沟桥为平津咽喉，华北锁钥，关系重大，务必确定坚守，不准日军一兵一卒进入，不许放弃一寸国土。如日军开枪，必给以迎头痛击。"

7月8日下午，冯治安与秦德纯、张自忠联名致电南京政府，表示抗战决心。

冯治安曾与何基沣议定：乘敌人大部兵力尚未到达，集中优势兵力给丰台日军以歼灭性打击。但这个建议遭到第二十九军军部的反对。10日，当他得知卢沟桥战斗打得十分艰难时，便派保安第4团第2营前去支援参战，以增加守桥部队的战斗力。

7月11日，宋哲元到达天津，与日方华北驻屯军香月清司进行"交涉"。香月清司提出无理要求，要求冯治安第37师调出北平，宋哲元为求"局部冲突能随时解决"，竟答应了香月清司的条件。冯治安听后大为愤怒。7月27日，日方向第二十九军发出最后通牒，要求冯治安第37师于第二日正午以前撤出北平。

7月28日夜，第二十九军将领在宋哲元寓所开会，决议张自忠留在北平，代理冀察政务委员会委员长及北平市长，其余撤至河北保定集结。29日夜，冯治安满怀悒郁，含泪离开了他战斗过的古都北平。

平津沦陷后，冯治安曾代理第二十九军军长，率部向津浦线转进，准备阻击南下之敌。这年夏天，大雨连绵，河水暴涨，河北地区成了一片泽地。冯治安带领部队8月初抵达河间县。这时蒋介石下令将第二十九军改为第一集团军，宋哲元任军长，冯治安任第七十七军军长。冯治安军第37师第657团在静海北卡庄一线，依托防御工事，与敌人激战五昼夜，牺牲1700 余人。

1937 年底，徐州会战开始，冯治安的第七十七军被派往淮河北岸守卫，阻截了由津浦线北上之敌，配合了台儿庄战役的顺利进行。1938 年 10 月，冯治安任第三十三集团军副司令，与张自忠司令联袂抗击日本侵略者。冯治安与张自忠是莫逆之交，虽然张自忠后来居上，但冯治安毫不介怀，相互间推心置腹，默契极深。1938 年春至 1939 年春，第三十三集团军与日军进行了长寿店之战、襄樊之战，日军均遭重创。1940 年 4月，枣宜会战中，张自忠殉国，冯治安接任第三十三集团军司令。此时，日军凶焰正旺，冯治安利用运动战术与敌周旋，率部西走观音寺、雾渡河，又折向北行经南漳县渡过襄河至河南邓县，然后又折回南漳。

当时在鄂西北山区作战的，还有共产党领导的部分游击武装，冯治安一律以友军相待。冯治安对国共合作持赞成态度。他曾批准何基沣向共产党游击队赠送枪械。西北军出身的共产党人吉鸿昌、赵博生与他感情也很深。

1945 年 5 月，盟军攻入柏林，法西斯德国投降。冯治安喜不自禁，他找了一面小鼓放在家中。8 月，日军投降，冯治安带头打起小鼓，流着眼泪与家人彻夜狂欢。

1949 年，冯治安随国民政府到台湾。1954 年 12 月 16 日，冯治安在台北郁郁而终，享年 59 岁。

张自忠

张自忠，字荩忱，1891 年农历 7 月 7 日生于山东省临清县唐园村。父亲张树桂，曾任江苏省赣榆县巡检，勤廉爱民，政绩卓著。10 岁时，张自忠随父亲在赣榆县读私塾，后回临清县高等小学堂读书。1911 年，考入天津法政学堂，后来转入济南法政专门学校。帝国主义的侵略，清廷的腐败，使国家陷入了内忧外患之中。张自忠深深感到：要救国，就必须手握枪杆！1914 年，23 岁的张自忠开始了他的戎马生涯。

1922 年，直奉战争爆发，这时，张自忠已是冯玉祥的部下。冯玉祥进驻河南后，任河南省督军。冯玉祥抓住时机，广募新兵。为了培养初级军官，冯玉祥成立学兵团，并任命张自忠为第 1 营营长。全团工作实际上由张自忠负责。学兵团是冯玉祥治军的样板，凡有检阅，必以该团为前列。冯玉祥将这样重要的任务交给张自忠，可见对他的信任和器重。

▲张自忠

冯玉祥很重视部队的精神训练，他经常让官兵阅读中国传统道德精神、爱国精神、军纪精神及帝国主义侵华史方面的书，每天让官兵唱国耻歌、爱民歌、吃饭歌，这些精神训练，给张自忠以很大影响，他常常在训练之余情不自禁地感叹："亡国奴不如丧家犬！""将相本无种，男儿当自强。"张自忠所率的 22 师，向以纪律严明、作战勇敢、所向披靡著称，一直被冯部树为全军学习的"模范师"。

1930 年，冯玉祥西北军被张学良改编。张自忠任改编后宋哲元任军长的第二十九军第 38 师师长。九一八事变后，在中国共产党抗日救国的影响下，张自忠很快转到了抗日的战场上，以满腔热忱，在华北率先投入了反抗侵略者的斗争。

1933 年，在长城抗战中，张自忠任前线总指挥。长城抗战极大地鼓舞了全国军民反抗日军侵略的斗志。张自忠自此成为一名威震敌胆的抗日名将。

1935 年底，张自忠被任命为察哈尔省政府主席。1936 年 5 月，调任天津市市长。当时，日本帝国主义对华北虎视眈眈。张自忠一面坚定自若地辅佐宋哲元，一面整军经武，与日本人周旋，力撑华北危局。

为防敌于万一，张自忠以很大精力补训部队，加强武装，主持察省政务期间，对全师各团人员、马匹、车辆，亲自校点。他取消了在喜峰口抗战中使用的大刀，配置了先进的步枪和其他武器。任天津市长时，张自忠充实加强了天津保安队原有 3000 多名官兵的武器装备。他还把他的特务营全体改为保安队，保卫市府，将所有第 38 师的部队，配置在天津市外围，控制了全市及对外交通。

1937 年 4 月，日本政府邀请宋哲元访问日本。宋哲元鉴于形势不利，特派张自忠为代表前往。在中日民族矛盾日趋激化的氛围中，此举被舆论界视为媚日的丑行，引起国人强烈责难。张自忠忍辱负重率冀察军政考察团抵达名古屋，适逢名古屋有一国际博览会开幕，请张自忠将军代表中国大使主持中国馆揭幕剪彩。中国馆对面是伪满洲国馆，并挂着伪满洲国国旗，张自忠得知后，非常气愤，立即向日本明确指出：东北是中国的领土，我们不承认什么"满洲国"，博览会中把一个所谓的"满洲国"馆设放在中国馆的对面，是对中国的极大侮辱，必须撤除"满洲国"馆。张自忠对日方表示：如果"满洲国"旗不降下，"满洲国"馆不关闭，考察团立即回国。直至晚11时，日方终于被迫关闭了伪满洲国馆。

1937年5月8日至18日，英国驻天津总领事馆为庆祝英皇加冕典礼而举行宴会，招待驻津各国嘉宾。在商讨最高嘉宾问题上，日本驻屯军司令田代皖一郎坚持要以最高嘉宾身份出席。张自忠闻知后，义正辞严地对英国领事表示："英界为中国领土。日军驻津系不平等条约的产物。国际场合，不能喧宾夺主。若以田代为最高来宾，中国方面决不出席。"结果，英领事馆不得不决定以张自忠为最高嘉宾，使我国的尊严得以维护。

在张自忠主政察哈尔和天津以后，察省和津市的局面并未好转，和整个华北一样日陷危机，这是由于国民党当局的不抵抗政策造成的。张自忠面对这种危难局势感到十分苦闷。他在给旅长李致远的信中说：兄实不才，任天津市长实在干不了，觉得苦得很，尤其是精神上更是苦到万分。1943年，周恩来同志评论张自忠这段经历时写道："迫主津政，忍辱待时，张上将殆又为人之所不能为。"道出当时张自忠的困难处境与痛苦的心境。

第二十九军撤出北平后，张自忠孤处危城，在世人的误解谣诼之中，默然忍辱负重，继续与日军周旋。

不久，日军大举涌入北平城内，扶植汉奸，组织北平伪政权，并向张自忠提出通电反蒋、反共等无理要求。张自忠拒绝这些无理要求后，他的行动处处受到刁难和限制。在这种情况下，张自忠感到继续留平已无意义，于是秘密离开北平，重新寻找杀敌报国的机会。

1937年11月，张自忠在李宗仁、宋哲元的保举和原部队官兵的要求下，返回由第38师扩编的第五十九军任军长。1938年2月，调至李宗仁的第五战区。从此，张自忠又走上抗战第一线，再展当年长城抗战的雄风，为中华民族立下了赫赫战功。

1938年2月，第二十九军奉命南下，增援淮河前线。张自忠指挥部队在淮北痛歼日军2500余人。3月10日，张自忠部奉命增援临沂，歼敌5000多人。5月，日军调集兵力，妄图围歼第五战区主力40余万人，张自忠奉命胜利完成了掩护大部队后撤的任务。由于张自忠连战连胜，战功卓著，10月，升任第三十三集团军总司令。

1940年5月，日军发动枣阳会战。15日，日军万余人向张自忠所率的2000余人的队伍进行夹击。他率部酣战竟日，五战区命令张自忠："放弃当面之敌，向钟祥敌后攻击。"部队在转移过程中，屡经苦战。16日拂晓，在洪山区罐子口遭到两侧山头日军的炮击，被迫退到南瓜店。一直指挥作战的张自忠，此时右臂已负伤，在敌人机枪猛烈扫射中，腰部又被子弹射中，倒在血泊中，后被冲上来的敌人刺死。张自忠将军壮烈牺牲，年仅49岁。

抗战以来，兵团总指挥兼集团军总司令，亲率队伍冲杀敌人，以身殉国者，张自忠将军为第一人。国民政府追晋张自忠将军为陆军上将。1940年5月28日举行国葬。1945年抗战胜利后，国民政府为了纪念张自忠，在北平、天津、汉口等地设立了张自忠路。1948年春，张自忠将军的家属为了纪念在抗战中壮烈牺牲的张将军，并遵其遗嘱，在张自忠故居（现在的府右街丙27号）筹办了自忠小学。1982年4月国家民政部追认张自忠为革命烈士，并颁发了革命烈士证书。

赵登禹

赵登禹，字舜臣，山东菏泽县杜庄乡赵家楼村人。1898年出生于一个农民家庭。他天资聪明伶俐，勤劳刻苦。13岁开始学习刀、枪、棍、棒，并经名师指点，练就了一身非凡的武功。1914年秋，年仅16岁的赵登禹怀着救国救民之志，步行1000多里到陕西潼关冯玉祥将军的第16混成旅从戎，开始了他忠勇壮烈的军旅生涯。

▲1937年春，第二十九军高级将领合影。后排右起：佟麟阁、赵登禹、冯治安、郑大章。

赵登禹凭着胆识和机智，在军队里屡屡立功。1918年，在湖南常德一带驻防时，赵登禹与将士们打死了一只经常下山伤人的猛虎，在老虎咽气之前，赵登禹骑虎拍照留念。冯玉祥在照片上签名并题字"民国七年的打虎将军"。1928年，赵登禹任第27师师长，肃清陇海路西段匪患，使北伐军顺利进军。

中原大战，冯玉祥战败，赵登禹部缩编为第二十九军第37师第109旅，在山西东辽县集训。1931年九一八事变爆发，东三省沦亡。面对日军的侵略，赵登禹义愤填膺，他一边对部下进行"不扰民、真爱国、誓死卫国"，"宁为战死鬼，不做亡国奴"的教育，一边在军事上以日本鬼子为假想敌，苦练各种实战技术，训练出一支敢杀敢拼的大刀敢死队，准备随时与日寇决一死战。军营上下到处呈现一片厉兵秣马、枕戈待旦的抗日气氛。

1933年3月，赵登禹部奉命驰援喜峰口，腿部被炸伤。

七七卢沟桥抗战爆发，第二十九军在卢沟桥奋勇抵抗。7月27日，赵登禹奉命到南苑御敌，此时日军以步兵两个联队，炮兵一个联队，飞机30架的强大兵力向南苑守军发动进攻。赵登禹率卫士30余人，指挥卫队旅和军事训练团学生冲入敌阵。因我军伤亡过重，赵登禹率部到大红门集结，不料转移途中，遭到埋伏在青纱帐里的日军的伏击。赵登禹身中数弹，倒入血泊之中，年仅39岁。北平红十字会将赵登禹师长遗体就地掩埋。

赵登禹殉国后，第二十九军将士们无不追思赵登禹将军的雄风。赵登禹牺牲的噩耗传到军部，宋哲元顿足捶胸，放声大哭，说道："断我左臂矣，此仇不共戴天！"

冯玉祥将军得知佟麟阁、赵登禹牺牲后，写下《吊佟赵》一诗。诗中写道："二人是一样的忠，二人是一样的勇……食人民脂膏，受国家培养；必须这样死，方是最好下场。后死者奋力抗战，都奉你们为榜样……"

7月31日，国民政府追赠赵登禹为陆军上将，明令如下："陆军第132师师长赵登禹，精娴武略，久领师干，……此次在平应战，咸以捍卫国家保卫疆土为职志，迭次冲锋，奋厉无前，论其忠勇，洵足发扬士气，表率戎行，不幸身陷重围，死于战阵……赵登禹着追赠为陆军上将，……生平事迹存备宣付史馆，以彰忠烈，而励来兹。"

抗日战争胜利后，何基沣奉冯治安师长之命，到北平将赵登禹将军和第二十九军阵亡将领忠骸，迁葬于卢沟桥畔。

新中国成立后，北京市政府将西城白塔寺东侧的马路命名为赵登禹路，与民族文化宫前的佟麟阁路相连，以表示对抗日烈士的永远纪念。

张克侠

提起七七卢沟桥抗战，人们自然而然地会想起第二十九军的许多将领，然而对于为推动和促进第二十九军奋起抗战作出重要贡献的一位中共地下党员，人们却鲜有所闻。这位中央秘密党员就是被称为第二十九军"智囊"人物，"佩剑将军"的张克侠。

张克侠，原名张树棠，1900年10月7日生于河北省献县一个世代农民家庭。幼年时代张克侠家境贫寒，艰苦的生活造就了他刚毅的性格。1915年，张克侠投笔从戎，考入北京清河陆军军官预备学校，决心以自己的智慧、青春来救国卫民、报效国家。

1921年，张克侠升入河北保定军官学校，毕业后与何基沣、董振堂等人投奔冯玉祥麾下任职。1927年春，张克侠在李德全的支持下，赴苏联中山大学学习。这次留苏对他产生了很大影响，从此他渴望成为一名为共产主义而奋斗的战士。张克侠回国后，担任西北军张自忠第 25 师参谋长，从此，开始了他与张自忠将军长达十余年的合作，在西北军赢得很高声誉。当时西北军上下将士称誉他们是"二张合作，相得益彰"。1929 年 7 月，张克侠秘密赴上海，加入中国共产党，并在党的指派下重返西北军工作。1930 年，蒋、冯、阎中原大战爆发，他协助张自忠于危难之际将部队安全撤至晋南，为西北军保存了宝贵力量。部队改编后，张克侠任第二十九军第 38 师参谋长。

1933 年 5 月，冯玉祥将军与中国共产党合作，在张家口组织了"察哈尔民众抗日同盟军"，张克侠秘密赶赴张家口支持冯玉祥的爱国行动，并担任抗日同盟军高级参谋和干部学校校长。

1937 年，张克侠任第二十九军副参谋长兼第 38 师参谋长。他指导部队积极做抗战准备工作，并利用各种机会掩护中国共产党在第二十九军中进行抗日宣传工作。1937 年 5 月，当他得知有人给宋哲元拟定了"以退为守"的消极对日防御方案时，他除当面否定外，又与地下党取得联系，提出自己的初步意见，经北方局向党中央请示后，制定出一个集中兵力于平、津、保地区，趁日军增援之前，以第二十九军 10 余万之众，一举消灭在华北的日军的计划书。这个建议以书面形式，面呈宋哲元。

同时，张克侠还利用自己的特殊身份，把从地下党那儿获得的敌人情报，及时转告宋哲元，使第二十九军免受损失。1937 年 6 月，中共北方局获得日本特务机关拟在平津一带寻衅滋事的情报，并得知冀东汉奸殷汝耕正在训练一批特务。宋哲元得此消息后下令紧急防范。通州一带日军以"演习"为名进驻北平城郊，城内东交民巷日本驻军也武装埋伏，汉奸殷汝耕派遣20多名武装特务，化装成学生，身藏短枪，潜入城内，准备到深夜后，鸣枪暴动，制造所谓"学生、士兵反日暴动"事件，届时，城内外日军借口镇压暴动，突然袭击第二十九军首脑机关，解除第二十九军武装，制造第二个"沈阳事件"，乘机占领北平和华北。守城部队由于事先得到情报，严加防范，特务们一进城就被一网打尽。日军偷袭计划破产。

卢沟桥抗战爆发后，张克侠又协助佟麟阁指挥作战，为坚定宋哲元的抗日决心做了大量工作。针对宋哲元对和谈抱有幻想，他反复阐述必须抗战的重要意义，并把中国共产党制定的"以攻为守"的作战方针适时地向宋哲元提出来，并进言宋哲元："作战固然有困难，但也有克敌制胜的条件，在民族生死存亡的关头，不战将成为民族罪人，战而不胜也可向人民交代。"宋哲元不肯接受张克侠的建议，痛失战机，致使北平落入日军之手。北平陷落前，张克侠及时通知地下党有关宋哲元南撤的消息，并协助转移了近万名抗日同志，使他们免遭日军杀害。

1938年，张克侠出任第五十九军参谋长，与张自忠将军再次合作。3月，张自忠部奉命驰援临沂。张克侠力主以第五十九军在城外发动野战攻势，向攻城日军侧背猛烈攻击，利用夜战、近战手段，弥补武器装备劣势，争取出奇制胜以减轻守城部队压力。这个建议得到张自忠的赞赏。第五十九军以攻击姿态强渡沂河与号称铁军的日军板垣师团鏖战十余日，日军伤亡过半。第五十九军取得著名的临沂大捷。此后，张克侠协助张自忠将军成功地完成了掩护徐州30万大军撤退的任务。

八年抗战，张克侠不仅指挥第五十九军历经百战立下了卓越的功勋，而且在第二十九军各派之间做了大量的弥合工作。同时他创造条件，支持和掩护防区内共产党地方组织的工作，并给新四军送去急缺的医药物资。他以卓越的见识，宽大的胸怀，平易近人的作风，赢得了官兵们的尊重，人们尊敬地称他为"侠公"。美国女作家史沫特莱盛赞他是"儒雅将军"，"一位出类拔萃的人物"。

▲1940 年在湖北荆门张克侠（左）与孟绍濂合影

1946 年夏，解放战争已开始。张克侠随三十三集团军进驻徐州，任参谋长。周恩来指示张克侠，要争取策动高级将领和大部队起义。1948 年 11 月 8 日，他和何基沣等将军一起，率 59 军和 77 军 23000 余名官兵，在国民党第三"绥靖"区贾汪举行了震惊中外的起义。这次起义对淮海战役的全面胜利起到了极为重要的作用。

1949 年，中央任命张克侠为解放军第三十三军军长，参加了渡江战役、上海战役。1955 年，张克侠被授予一级解放勋章。1950 年后，先后任华东军政委员会委员、农林部部长、林业部副部长等职。曾当选为第四届全国人大代表，全国政协第五届常委。

1984 年 7 月 7 日，卢沟桥抗战爆发 47 周年之际，张克侠在北京病逝。一代抗日名将走完了他丰富的人生。

何基沣

何基沣将军是国民党著名爱国将领。早在喜峰口抗战时，何基沣以斩杀日军十余人而被日军称为"凶神"。四年后，这位使日军闻之丧胆的将军成为卢沟桥畔第二十九军奋起抗战的直接指挥者之一。八年后，在淮海战役的关键时刻，何基沣率部起义，为中华民族的解放事业作出重要贡献。何基沣将军戎马一生，可谓身经百战，功勋卓著。

何基沣，字芑荪，1898 年 10 月出生于河北省藁城县。青年时期立志报国，投笔从戎。先后毕业于保定陆军军官学校和北平陆军大学。后投身于由冯玉祥领导的西北军。从此开始他二十多年的戎马生涯。他曾参加过首都革命和五原誓师。他作战勇敢，足智多谋，很快被提升为军官。1930 年，何基沣任第二十九军第 37 师第 109 旅副旅长。1933 年何基沣率部急行军，日夜兼程 140 里，开赴喜峰口抗日最前线。

何基沣身先士卒，率领大刀队直扑已占据有利地形的日军，与敌展开激战。敌我双方激战几日，阵地得而复失，失而复得。11 日，第二十九军再度以手榴弹、大刀打退敌人进攻。何基沣在战斗中看到敌人炮火猛烈，便和赵登禹研究制定了运用第二十九军长于近战夜战的特点，出其不意，偷袭敌人的方案。日军没有想到第二十九军深夜袭营，一个个成了刀下之鬼。

▲何基沣

　　喜峰口战役后，何基沣因战功卓著，晋升为第 110 旅旅长。1935 年 9 月下旬，何基沣率第 110 旅负责防守宛平县城、丰台镇、丰台车站和平汉线通道卢沟桥一带。日军士兵经常对值班站岗的第二十九军士兵挑衅。一次，日军以军马丢失为借口冲入第二十九军营房，何基沣得知当即命令守军抢修工事，加强戒备，并对日军形成包围之势，日军见形势不利，被迫退回。

　　日本侵略者一面伺机发动更大规模的侵华战争，一面采取各种手段妄图瓦解第二十九军的抗日斗志。1936 年 6 月 6 日，在冀察政务委员会举行的招待日军驻北平部队连长以上军官的宴会上，狂妄的日本军官开始跳舞、唱歌、舞刀，炫耀"武士道"精神。何基沣按捺不住满腔激愤，纵身跳上一张桌子高唱一曲《黄族歌》，随着"不怕死，不爱钱，丈夫决不受人怜"的激昂的歌声，第二十九军军官们斗志昂扬，有力地震慑了日本侵略者。

卢沟桥抗战爆发后，何基沣亲临前线指挥，并向所部官兵发出了与卢沟桥共存亡的命令。战斗开始不久，平汉线铁路桥及附近迴龙庙曾被敌人攻占。下午，何基沣旅长率部从衙门口亲赴卢沟桥指挥还击，与日军展开白刃战，一举歼灭了铁路桥西端的日军，终将迴龙庙及铁路桥夺回。

7月28日，日军向南苑大举进攻。第二十九军由于寡不敌众，被迫撤离北平。何基沣满怀悲愤指挥所部在掩护各部撤退完毕之后，由宛平及八宝山一线撤退到长辛店。临行前，他站在桥头，对天盟誓："苍天有眼，祖国沉沦，民众受辱，只要我何基沣一息尚存，则我存刀存，我亡刀亡，誓必洗雪国耻，消灭倭奴！"

8月初，何基沣率部沿津浦线边打边撤，阻滞了日军的推进。此时，何基沣升任第七十七军第179师师长，在保卫大名的血战中，何基沣率部抵抗日军三天两夜围攻。在弹尽粮绝的情况下，大名府失守。何基沣悲愤至极，仰天长叹："不能打回北平过元旦，无颜以对燕赵父老。"他在被部下强拉上马撤到南乐县城后，拔枪自戕，不惜以死谢天下。当时何基沣左胸中弹，幸得部属及时抢救方得脱险。

何基沣在养伤期间认真思考探索抗日救国之路。迷惘之际，他遇到了共产党地下党员李荫南，了解到八路军和解放区的真实情况，产生了到"共产区"去看看的念头。经西北军老友、共产党员赖亚力介绍，何基沣于1938年赴西安见到周恩来，后不久又奔赴延安会晤了毛泽东、刘少奇、朱德等共产党领导人，于 1939 年 1 月经朱军介绍加入了中国共产党。

何基沣入党后，仍回国民党七十七军任副军长，并请毛泽东从延安派一批共产党员到七十七军中协助他工作。在八年抗战期间，他始终坚持以抗日救国为第一要任。坚持团结抗日，不打内战。与新四军第 5 师友邻通力合作，联合抗日，并以大批武器弹药和经费支援新四军，巧妙地粉碎了分裂分子制造的一次次反共阴谋，坚持到抗日战争胜利。

1948 年 11 月 8 日，何基沣与张克侠将军宣布起义。

1949 年 2 月，何基沣被任命为中国人民解放军第三野战军第三十四军军长。他率军抢渡长江天险，与三野其他部队一起解放了南京，为解放全中国作出了贡献。

新中国成立后，何基沣先后任南京警备司令部副司令员、水利部副部长、农业部副部长等职，并当选为第一、二、四届全国人民代表大会代表，政协第一、三届全国委员会委员和政协第五届常委。1980 年 1 月 20 日，何基沣因病在北京逝世。遵照他的遗嘱，家人将他的骨灰一半撒于卢沟桥畔，一半撒于当年他挥戈作战过的淮海战场。

王冷斋

卢沟桥事变时，时任河北省第三区行政督察专员公署督察专员兼宛平县县长的王冷斋，置身危城，坚持守土有责，寸土不让，拒敌无理要求，出生入死，频入险境，无异于卢沟桥畔血肉横飞的白刃格斗。

王冷斋，生于 1892 年，福建省福州人，1916 年于保定陆军军官学校第二期毕业，曾追随孙中山先生参加二次革命、护国讨袁斗争。后弃武从文，自办《京津晚报》，针砭时弊。曹锟贿选时，他因撰文抨击，报社被封，不得已去上海，以笔耕维持生计。1935 年底，冀察政务委员会成立，秦德纯邀请王冷斋出任北平市政府参事、宣传室主任。1937 年 1 月 1 日，出任督察专员兼宛平县长时，他对自己临危受命的形势和任务十分清楚。当时日军活动猖狂，经常不分白昼实弹演习，卢沟桥边、宛平城外刀光剑影，战马嘶鸣。督察专署管辖范围又与殷汝耕等伪政权控制的地盘犬牙交错，矛盾极为尖锐。但王冷斋慨然允命，他说："若不遇盘根，何以别利器，天下兴亡，匹夫有责。为了民族大计，个人安危只能置之度外了。"

▲七七抗战时期，王冷斋会见记者。

2 月，华北日本驻屯军参谋桑岛中佐向王冷斋提出在大井村建造机场、兵营等要求。王冷斋断然拒绝。他对宛平县府秘书兼专管田赋的第二科科长洪大钟说："日军谋占大井村的目的，在于切断北平至卢沟桥的通道。河山寸土属中华，保卫毫厘不敢失差。不管遇到什么风险，决不能在我们任内，出现出卖祖国一寸土地的事，决不能在历史上留下罪名！"不久，日本特务机关长松井设宴邀请王冷斋。席间，松井拿出大井村地图及事先拟好的"协议"，让王冷斋签字。王冷斋拂袖离座，他义正辞严："如果现在硬要谈判大井村土地的事，我只有退席。"松井见王冷斋态度坚决，只好作罢。

七七抗战爆发后，王冷斋、魏宗瀚、孙润宇、林耕宇、周永业与日方代表斋藤、牟田、寺平进行了唇枪舌剑的谈判。

9 日凌晨，王冷斋接到通知，中日双方达成和平协议，双方停止敌对行动。王冷斋深知日方诡计多端，仍做好战斗部署。10 日，王冷斋到北平参加中日双方军政人员高级联席会议，王冷斋质问日方为何不履行撤军协议，斋藤等见势不妙，悄然溜走。当日傍晚，日军出动战车、大炮、步兵轮番炮轰进攻。此时，北平至宛平的公路交通已断，王冷斋不顾旧病发作，取道门头沟，绕经长辛店返回北平。他冒着炮火，组织城中青壮年男女，为守城部队运送弹药、干粮、茶水。

22 日，日军复攻打宛平。王冷斋得到情报，敌人将施放毒气。他立即打电话给在北平的妻子胡仲贤，捐献家资购买了防毒面具，并送到宛平前线。途中遇日军战车，几濒危殆，幸免于难。

29 日，宛平失守，第二十九军奉命离桥。王冷斋挥泪告别了抵抗 23 天的孤城危桥。一些友人庆幸他在与日本人周旋时安然无恙，他流着泪说："未能与宛平城共存亡，何庆之有？"他当时吟诗一首："与城愧未共存亡，人庆更生我独伤。国步方艰应有待，此身终合向沙场。"

这时期，王冷斋还写下了《卢沟桥抗战纪事诗》50 首，记录下卢沟桥事变始末。诗歌真实地记录了宛平前线强敌压境的紧张局势，赞扬了全国人民高昂的抗战情绪和第二十九军大刀队威风凛凛抗击日本侵略者的壮举。

八年抗战期间，王冷斋辗转香港、桂林、独山、重庆等地，舍弃骨肉亲情从事抗日宣传。1945年，日寇投降。1946年5月3日，王冷斋应邀出席审判日本战犯的远东国际军事法庭。作为七七抗战的当事人，他揭露了日本帝国主义挑起侵华战争的罪恶行径，使正义得以伸张。

新中国成立后，王冷斋当选为第二届全国政协委员，担任北京市文史馆副馆长，1960年逝世。

吉星文

吉星文，是著名抗日爱国将领吉鸿昌的侄儿。15岁时，他在吉鸿昌的影响下，投笔从戎，走上军旅生涯。在卢沟桥战斗中，吉星文第219团官兵奋勇杀敌，名声大振。在八年抗战中，他率领所部浴血奋战，功勋彪炳、名声显赫，因此，先后被授予"胜利""光华""云麾""宁城""忠勤"等勋章及奖章多枚。

吉星文，字绍武，河南省扶沟县人，1908年4月14日生于贫苦农民之家。吉星文自幼练习武术，体格魁梧。1923年，他在扶沟县立师范学校读书时，受到堂叔吉鸿昌的影响，弃学从军，到吉鸿昌部下石敬亭处当学兵。

吉星文勤奋好学，武术科成绩优秀，尤其擅长器械操，深得石敬亭旅长赏识。1925年2月，被提升为工兵排长。1926年，调任陆军第4旅骑兵营排长，不久升任连长。1928年11月，任营长。在历次战斗中，吉星文都身先士卒，奋不顾身，得到上级长官冯治安等人的器重。1929年8月至1933年11月，他先后在第二十九军第9师和第37师担任营长，驻防华北地区。

▲吉星文

1933 年 3 月，日军进犯长城各隘口。吉星文所在的第 37 师冯治安部奉命开赴喜峰口。3 月 11 日深夜，吉星文营身背寒光逼人的大刀，在当地樵民、猎手的带领下冒着大雨逼近日军阵地，偷袭敌营。吉星文营在这次战斗中，共击毙日军 300 余人，夺获日军坦克 1 辆，大炮 20 余门。3 月 12 日，日军卷土重来。战斗前，吉星文召集全营官兵，痛言日军的残暴，他激励部下："只有拿铁血来洗国耻，收失地，为国家效命。"在以后几天的战斗中，吉星文多次带领全营冲入敌阵，与日军展开肉搏战，打退敌人的进攻。吉星文在长城喜峰口抗战中立下战功，深得宋哲元嘉许。1933 年 12 月初被任命为第 37 师第 219 团团长。

1936 年，吉星文奉调到国民党中央军校高级班第 5 期受训。1937 年 6 月毕业后返回部队，继续担任第 219 团团长，驻防北平西南的宛平城和卢沟桥。

7 月 7 日，卢沟桥抗战爆发。吉星文指挥全团沉着应战，待日军接近有效射程后，以"快放"、"齐放"向日军猛射。日军伤亡惨重，一次又一次败下阵地。

7 月 8 日夜，吉星文挑选青年战士组成突击队，借绳梯爬出城，沿永定河两岸，向铁路桥靠近。12 时，突击队出敌不意，冲入铁路桥日军阵地。日军猝不及防，纷纷成了刀下之鬼。在指挥部指挥时，一枚炸弹落在指挥部附近，他头部被炸伤，稍微包扎一下，吉星文便召集各营、连干部，研究收复卢沟桥事宜。吉星文在卢沟桥头督军奋战，将桥头及附近日军阵地上的士兵几乎全部歼灭。第二天，北平、天津各大报纸用特大号标题，或以号外形式，刊登了卢沟桥吉星文团奋起杀敌的消息。吉星文的戎装照片也同时刊出，吉星文成了卢沟桥抗战的风云人物。

7 月 20 日下午 3 时，守城官兵在吉星文带领下，冒着密集的炮火，顽强保卫城桥。吉星文冲锋在前，头部又三次负伤。在他的指挥下，第 219 团全体官兵，一鼓作气，打退了敌人进攻。

作为一个爱国军人，吉星文十分希望这场战争能够打胜，但是他看到，"这次卢沟桥战事，我们只是挨打，人家打我们的时候多，我们还打的时候还太少"。他认为"对进攻的敌人，只可以报之反攻，所谓予打击者以打击，实是一句至理名言！""只要长官给我'相机处理'四个字的命令，我立刻率兵把丰台拿下，如果三小时内拿不下来，请杀我头！总之，我们早已抱城亡与亡，城存俱存的决心，日军休想花极小的代价，而收极大的收获！"

吉星文还写信给军政部长何应钦，表示决心："星文等只有抱定牺牲到底之决心，荷枪实弹，以待誓与卢城共存亡，决不以寸土让人。"但是，在当时的条件下，他不得不执行宋哲元避战求和的各项指令，处处被动，最终放弃了洒满将士鲜血的卢沟桥。

吉星文率领第 219 团官兵在卢沟桥与日军血战长达 23 天，击毙日军官兵 1000 余人，缴获大量枪炮，沉重打击了日军的嚣张气焰，鼓舞了中国军队的抗日斗志，写下了他一生中最光辉的一页。同年 9 月，他因功被升为第七十七军第 37 师第 110 旅旅长。

1937 年底，徐州会战开始，吉星文率部跟随第七十七军（军长冯治安）第 179 师（师长何基沣）前往淮河北岸守备，阻截由津浦线北上之敌，配合了台儿庄战役的顺利进行。

徐州弃守后，日军攻至宿县，吉星文部奉命抵达宿县增援。1938 年 5 月，吉星文到达宿县后，日本飞机轮番轰炸宿县火车站。吉星文下令利用车站附近地形组织对空射击，迫使敌机不敢低空轰炸，只好向南逃去。之后，吉星文成功地组织了南坪集、张庄、赵庄的突袭战斗，沉重地打击日本侵略者。吉星文带兵有方，作战有功，被授予甲种一级勋章，升任第 179 师师长。

1938 年 10 月，吉星文随第 33 集团军进驻湖北观音寺一带布防。1940 年 6 月，日军向观音寺进攻，吉星文率部与日军展开激战，不久，日军向荆门西南逃窜，吉星文率部追击。其时，吉星文师屡经摧折，损失惨重，急需休整，他奉命利用游击战术抗击日军。最后，他的部队在襄河、观音寺一带驻足。这期间，吉星文曾调任第 37 师师长。

1945 年抗战胜利后，吉星文将军曾到卢沟桥凭吊当年牺牲的战士，写下十个大字"莫作儿女态，要效易水寒"，真是大义凛然，气贯长虹。

1949 年吉星文去了台湾，1955 年任澎湖防卫司令部副司令官。1958 年 8 月 23 日，金门炮战时，吉星文在逃往防空洞途中被炮弹击中，因流血过多而死，享年 49 岁。

金振中

金振中是卢沟桥事变时驻守卢沟桥和宛平城的前线指挥官，时任第 219 团 3 营营长。从 7 月 8 日至 7 月 11 日，金振中率领全营官兵，击退了日军 5 次进攻，保卫了宛平城和卢沟桥。他身受重伤，被迫到后方医院治疗。伤愈后他又重返抗日战场，成为英勇杀敌的抗日英雄。

金振中，又名金霭如，1902 年 2 月 17 日出生于河南省固始县城关一个贫苦农民家中。1924 年，恰逢冯玉祥在河南招兵，他投奔冯玉祥部。入伍后不久，考入张自忠任校长的西北陆军军官学校学习。毕业后任排长、连长、少校团副等职。1930 年中原大战后，金振中被编入宋哲元领导的第二十九军第 37 师 110 旅 219 团 3 营任营长。

金振中在抗战中作战英勇，战功辉煌。在 1933 年喜峰口战役中，他率领部队夺回失去的阵地，荣立战功，受到冯治安师长的嘉奖。在 1936 年初，他带领全营在冀西地区开展了清剿汉奸的战斗。他的营冲入敌人固守的斋堂村，捣毁了由汉奸临时拼凑的"冀西防共自治政府"，俘虏汉奸官兵 1600 余人。他也因此获得特等奖。

1936 年春，金振中奉命接管卢沟桥和宛平城防务，进行了作战部署。

7月7日下午，为侦察敌情，金振中换了便服，扛着铁锹到铁桥以东500米左右的日军演习阵地。刚过卢沟桥火车站，远远看到日军队伍，以卢沟桥为目标，进行攻击式演习，后面炮兵如临大敌，紧张地构筑工事，再后边是隆隆不绝的战车声。见此情景，金振中马上回营部主持军事会议。他对官兵们说："这么大的雨，日军还在用步兵、炮兵、战车搞联合演习。现在看来他们的狼子野心已经赤裸裸地暴露出来了，而且是气势汹汹的暴露，是急不可待的暴露，是恨不得把整个中国都吞掉。我们的头脑必须清醒，否则就要被动挨打。各连立即再检查一次战备工作的落实情况，做好一切战斗准备，一旦敌人向我们进攻，坚决回击它！"

7月7日夜，日军进攻宛平城和卢沟桥，金振中立即奔赴城墙指挥战斗。8日晨，中日双方代表进入宛平城内谈判。冀察政务委员会顾问樱井提出中国军队撤退、赔偿、严惩祸首等无理要求。金振中当即反驳道："丰台距卢沟桥八里之遥，又是雨夜，你们（日军）偏偏到我警戒线内演习。你方丢失士兵，有何凭据？何人作证？如真有丢失，也应由你方负责，与我方何关？你方昨夜炮轰宛平城，民房被炸倒，军民被炸死、炸伤多人，惨不忍睹，应由你方赔偿我方损失。我军保卫国土，打击入侵之敌，何罪之有？你们才是祸首。"谈判进行时，日军又一次炮击宛平城，炮弹击塌县政府屋角，室内烟尘弥漫，中方代表非常气愤，纷纷退出会场。场内只剩下金振中和日方代表四人。樱井等乘机向金振中提出要求："请你和你的部下，用绳子把我们四人系着从城墙上送出城外，并向我方说明，中方已经同意本日傍晚撤至城西十里以外。这样的话，我们就立即停止攻城，并保证你个人的安全。"对于这种带着挑衅性的要求，金振中断然拒绝，他怒斥樱井等人："你和你们的代表想用绳子吊死在城墙上，我们概不负责，连尸体也不负责送还。说到我们的军队撤至城西十里的事，我这样告诉你吧，侵略者一日不无条件地放弃侵略中国领土的幻想，作为中国的一名军人，我就不会放弃回击侵略军的神圣职责！"

9 日晨 6 时，日军出动炮兵掩护其步兵向宛平城和卢沟桥扑来，金振中率 9 连、10 连、12 连右翼攻击日军左侧背，双方发生肉搏战。战斗至 11 时，金振中命队伍全面出击，激战至 12 时，日军被打退。

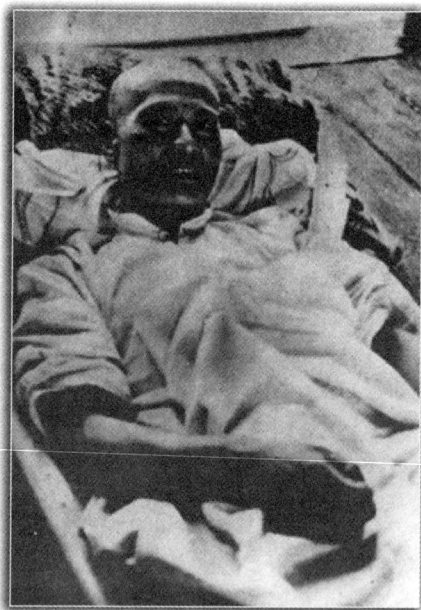

▲第二十九军营长金振中奋勇抗战负伤

10 日上午，日军联队长牟田口亲临前线指挥，先以大炮猛轰宛平城，又将铁路桥东端重重包围，占领了铁路桥东端阵地，中日双方形成对峙状态。下午，保安 4 团 2 营 700 余人前来增援金振中营，金振中决定全面出击，夺回铁路桥东侧失地。

11 日凌晨 2 时，金振中营按预定计划出击敌人。他命令保安营由正面向敌人猛攻，使敌人无法抽出兵力支援他方战斗，然后他率领一部分部队向铁路桥东端的日军左侧背猛攻。经过 2 个小时的激战，终于击溃日军，收复失地。金振中在指挥追击逃溃敌军时，不幸被手榴弹将左腿下肢炸断，随后一发手枪子弹从他左耳钻进，右耳穿出。金振中不得不到后方医院治疗。

1938 年，金振中伤愈后又回到第二十九军，调任第 179 师 1065 团团长，参加了武汉大会战。1943 年，调为上校附员。1948 年何基沣、张克侠在贾旺起义时，他曾追赶起义部队，但中途被截回徐州，直到 1949 年国民党政府军队溃败，他才被解放军安排在华东军区高教团学习。1949 年回原籍参加生产。

1980 年，金振中在河南省固始县文化馆任行政干部。1980 年 10 月任固始县政协常委，1982 年增补为河南省政协委员。1985 年 3 月 1 日，金振中因病逝世，享年 83 岁。遵其遗嘱，1985 年 8 月 14 日他的骨灰撒在当年他战斗过的卢沟桥畔。

与卢沟桥抗战爆发有关的侵略者

田代皖一郎[①]

1937 年 7 月任日本驻中国华北驻屯军司令。

7 月 7 日夜，驻丰台日军在夜间演习中，借口一名士兵"失踪"，要求进入宛平城搜查，遭到中国守军二十九军的严词拒绝。8 日凌晨，田代在司令部召开会议，下达进攻命令，日军猛攻卢沟桥、宛平城。中国驻军奋起还击，打击了日军的气焰。

7 月 11 日晨，日本政府紧急召开五相会议做出向华北增兵的重大决定。因田代在事变初期已患重病，于是决定由香月清司中将接替田代，出任日本驻中国华北驻屯军司令，于 7 月 12 日到达天津。7 月 16 日田代因心脏病突发而死。

梅津美治郎

1934 年任天津日本驻屯军司令官。1935 年逼迫何应钦达

---

① 转自郭景兴、蒋亚娴：《七七事变追忆》，人民出版社 2007 年版，第 85 页。科影美术师麦一提供了部分资料。

成所谓"何梅协定",并以此为借口,干涉中国内政,对华北军政当局进行威胁。1936年任日本陆军省次官。1939年起任日本关东军司令官,兼任驻伪满洲国大使及关东局长官。1944年任日本参谋本部参谋总长。1945年日本投降后,被远东国际军事法庭列为甲级战犯,判处无期徒刑。1949年病死。

▲梅津美治郎

牟田口廉也

1937年7月任日本驻中国华北驻屯军步兵旅团第一联队队长。

7月8日晨4时,中日双方代表行至离宛平城不远处,牟田口威逼中方代表宛平县长王冷斋下令,准许日军进宛平城搜查"失踪"日兵,并再三要求王冷斋迅速处理此事,被王冷斋严词拒绝。双方代表进城后,正在会商调查办法之时,乘我军不备,牟田口下令大枣园沙丘阵地的炮兵向宛平城开炮。为此天皇裕仁亲授其金鹰三级勋章,晋升为少将。

▲第十五军司令官牟田口廉也

1941年11月6日,晋升为中将,编入南方军,参加太平洋战争。

1944 年 3 月 8 日，日军发动"乌号作战"，牟田口率第十五军三个师团及特种兵团共计 15 万人马参战，在缅、印的胡康地区、莫帕尔、伊姆法尔地区，被中、美、英、印联军和中国远征军打得落花流水，损兵折将十几万，所剩残兵败将又多患痢疾，牟田口的 15 万大军彻底惨败。日军大本营将缅甸方面军司令官和参谋长撤换，牟田口也被东京撤职，编入预备役。牟田口羞怒之下自杀而亡。

森田彻

1937 年 7 月任日本驻中国华北驻屯军步兵旅团第一联队副联队长。7 日晨，王冷斋等中日双方谈判代表前往宛平城作实地调查前，曾访问牟田口联队长。牟田口告以日方由联队副森田彻负"全权处理"之责。据中方战地记者回忆，森田彻这个矮家伙是个极为蛮横的法西斯分子。谈判代表入城不及 5 分钟，森田彻即奉命下令攻城。一小时后，他又下令停止。他企图利用炮火之间隙胁迫王冷斋接受其中方先行撤兵之条件。中方予以坚决拒绝，

▲森田彻

双方又恢复射击。森田彻由于积极参加七七事变，获金鹰三级勋章。

1938 年 3 月 1 日，森田彻晋升大佐，调任关东军第七国境守备队队长，驻屯在中国东北北部边境地区。1939 年 5 月 11 日，关东军挑起诺门坎战役，与苏、蒙军激战，损失惨重。8 月 2 日，森田彻调任 23 师团步兵 71 联队任联队长，接替战死的代联队长东京治中佐。由于苏联朱可夫将军率领的苏联盟军是由飞机、大炮、坦克和骑兵组成的立体作战，日军联队长以下官佐大部分战死。森田彻上任不久就面临苏军的强大攻势，不断丢失阵地。于是他命令部下靠近坦克群投掷燃烧瓶、手榴弹。苏制坦克使用柴油机，又高又大而且装甲很厚，日军对它毫无办法。到 22 日，大队长以下军官全部战死。到 26 日，森田彻下令烧毁联队军旗和密电码本，头缠白布条，率部跳出战壕，挥舞战刀冲向苏军坦克群。森田彻刚冲出几步，即被坦克重机枪射倒，随即被苏军的坦克碾为肉饼，所率残部也都丧命。

一木清直

1937 年 7 月任驻丰台日军第三大队大队长。7 月 8 日，双方谈判代表进入宛平城准备谈判时，一木大队长率领驻丰台日军，携大炮六门，由丰台直奔卢沟桥东南，与牟田口呼应，夹击宛平城。一木因参与卢沟桥作战有功，于 1937 年 10 月 8 日越级晋升为大佐，获天皇授予的金鹰三级勋章。后擢升为关东军第 7 师团第 14 步兵旅团第 28 联队长，调中国东北作战。

1942 年 9 月底，第 7 师团以步兵第 28 联队为基干，组编成旭字一木支队，一木清直担任支队长，率精兵 3870 人，于 5 月 5 日乘船南下，参加攻打中途岛战斗。6 月 6 日，日方的四艘航空母舰被击沉，日本在海上优势从此结束。一木大队只好撤往中太平洋特鲁克岛要塞待命。

不久，瓜岛争夺战开始。日美双方在远离日美国土的一个小小瓜岛上，动员了大部分海陆空军力量去争夺一个机场。这是因为瓜岛位于所罗门群岛东端，日军占有它可以切断美澳联系，推迟美军战略反攻。日本可以永远霸占东南亚。美军于1942年8月5日突然占领施工中的瓜岛机场，为的是打掉日本的锋芒，攻占所罗门10个大岛，当作日后战略反攻基地。因此双方展开了大战，损失都很惨重。美军于8月19日半夜包围了一木清直部队，一木带部拼死顽抗。最后美军只好用坦克冲击、碾压。一木清直面向北面剖腹自杀。

志村菊次郎①

众所周知，七七事变是由于日军借口"失踪"士兵，要求进入宛平城搜查，遭到中国守军拒绝后引发的事件。而事件中提到的所谓"失踪"士兵就是志村菊次郎。

事实上失踪士兵事件，根本就是一个骗局。

根据日本方面的资料记载，"失踪"士兵志村菊次郎，属丰台日本驻军第八中队第一小队的二等兵。志村于三个月前入伍，演习当晚担任传令兵。他的"失踪"是因为传令时，迷失了方向，20分钟后他就归队了。第八中队队长清水节郎向一木清直第三大队长报告说："失踪的士兵刚才找到了，平安无事归来。"并问："今后打算怎么样？"一木清直的答复却是"干吧！"战争就这样打起来了。

据严静文推断，他有可能当七七之夜受某一长官暗示，传

---

① 李云汉：《卢沟桥事变》，台北东大图书公司1987年版，第308页。

令时中途装作失踪。而王冷斋
则明确指出："所谓失踪日兵
一名，原系日军捏造事实，以
为进攻卢沟桥之借口。在当时
我与日方交涉时，即已判明并
无其事。而日方亦已承认该失
踪之兵，业已觅得归队。"另
据王冷斋《卢沟桥事变始末》
一文说："9 日上午 4 时，我
接到北平电话说，日松井机关
长来电称失踪日兵业已寻到，

▲志村菊次郎

现在可以和平解决。"但日军仍坚持要调查清楚，无意停战。

　　至于这位"失踪"士兵志村菊次郎，不知何时离开了部
队已回家乡。1941 年 12 月太平洋战争爆发后，他再度被征入
伍，并被派到缅甸前线去作战，这时他已任宪兵伍长。1944
年 1 月 31 日在阿拉干山脉布其顿附近战死。

主要参考书目

1. 军事科学院军事历史研究部：《中国抗日战争史》，解放军出版社，1991 年 10 月出版。

2. 武月星、林治波、林华、刘友于：《卢沟桥事变风云篇》，中国人民大学出版社，1987 年 5 月出版。

3. 马仲廉：《卢沟桥事变与华北抗战》，北京燕山出版社，1987 年 6 月出版。

4. 沈继英、柳成昌：《卢沟桥事变前后》，北京出版社，1986 年 5 月出版。

5. 郭景兴、蒋亚娴：《七七事变追记》，人民出版社，2007 年 6 月出版。

6. 张承钧、熊先煜主编：《佟麟阁将军》，北京出版社，1990 年 12 月出版。

7. 张承钧、赵学芬主编：《赵登禹将军》，北京出版社，1992 年 6 月出版。